böhlauWien

Richard Picker

Krank
durch die Kirche?

Katholische Sexualmoral
und psychische Störungen

BÖHLAU VERLAG WIEN · KÖLN · WEIMAR

Umschlagabbildung: Egon Schiele, „Kardinal und Nonne",
mit freundlicher Genehmigung der Privatstiftung Leopold Museum, Wien
Umschlagentwurf: Cornelia Steinborn

Die Deutsche Bibliothek – CIP-Einheitsaufnahme
Picker, Richard: Krank durch die Kirche? : Katholische Sexualmoral und
psychische Störungen / Richard Picker. – Wien ; Köln ; Weimar : Böhlau 1998
ISBN 3-205-98952-X

© 1998 by Böhlau Verlag Ges. m. b. H. und Co. KG., Wien · Köln · Weimar

Gedruckt auf umweltfreundlichem, chlor- und säurefreiem Papier.

Druck: Imprint, Ljubljana

Inhalt

Einige Grundfragestellungen vorab: Wo ist die spirituelle Ebene erreichbar?/Wie kann man glauben?/„Verlasse, was dich krank macht!" Eine Problemlösung?/Der Glaube schimmert durch Verzerrungen hindurch/Die Höllenangst als Gericht über die Glaubensgestalt/Oft benötigte Beschreibungen: Betroffenheit, persönliche Evidenz, Glaubenssicherheit/„Dynamik" bedeutet eine Wirkung als Macht und Gewalt/Wer „unten zu" ist, kann schwerlich „nach oben hin offen" sein! (Oder: Über das heikle Verhältnis von Natur zu Gnade)/Psychotherapie und Spiritualität/Standortwechsel des Glaubens: Annas Familie „von oben" betrachtet/Was sichtbar wird: Problemgestalten, ins Zwielicht getaucht/Über Phänomene und Perspektiven/Nochmals: Zwei Blickweisen am „Beispiel Anna" verdeutlicht/Hilfe als Abwehr des Bedrohlichen/Was im Glauben sichtbar wird: Die gegenseitige (sündige) Verstrickung/Der Einstieg in den Sündenbereich. Ein Machtwechsel/Die böse Tat frißt sich weiter fort/Schuld und Schuldgefühl sind nicht dasselbe/Das Mörderische im Familiengeschehen/Die quälende Höllenangst ist der dynamische Schlußpunkt/Einwände stören spirituelle Vorgänge/Eine spirituelle Erschütterung mündet vor Gott. Über Mystagogie/„Gesundheit und Krankheit": Nachdenklichkeit ist vonnöten

Problem: Die große Liebe und der Mann zweiter Wahl!/"Mit der Liebe dürfen wir nicht – ohne Liebe können wir nicht!"/Unauflöslichkeit juridisch: "Was liegt, das pickt!"/Das Herz fühlt nicht juridisch/"Bis uns endlich der Tod scheidet!" – ist es so gemeint?

Es führt kein Weg zurück/Die gefährliche Wahrheit des ersten Geliebten droht/Behutsame Wahrhaftigkeit/Ein schicksalhaft eingeklemmter Glaube?

Die göttliche Enthüllung von "Hochzeit und Herrlichkeit"/Mystagogie – die Kunst der Hin-Weisung/Die katholische Sexualmoral als Anpassungsvorgang/Das Kirchenrecht sieht die Ehe praktisch/Jede Praxis kann sich im Bewußtsein einnisten/Vom beschränkten zum entschränkten Bewußtsein/Alles braucht wirklich seine Zeit/Unauflösbarer Schaden?/Spirituelle Worte sind für den Vollzug gesprochen/Warten auf die große Transformation

Inzwischen: Eine bessere Orientierungshilfe zum Thema "Erotik"

ist die Sexualität geblieben?/Ohne rechtzeitige Therapie droht
eine Psychose/Psychotherapie als Exorzismus der Gegenwart

Vorwort

Unser Schicksal bestimmt uns. Diese lapidare Erfahrung ist vielgestaltig. Die Familie bestimmt uns. Die Gesellschaft in indirekter Weise ebenso. Dazwischen steckt „die Kirche" – gemeint ist im wesentlichen die römisch-katholische Kirche innerhalb der christlichen Glaubensfamilien. Sie hat als „Volkskirche" noch die Urgroßeltern- und Großelterngeneration der heute lebenden Menschen geprägt. Lebensstil, Weltbild, Werthaltungen und auch die katholische Sexualmoral waren Elemente dieser Prägung. Sie wirkt bis heute nach.

Es ist wichtig, diese Tatsache im Auge zu behalten. Dadurch können psychische Krankheiten und Leidenszustände dieser Generationen und der von ihnen her kommenden Eltern- und Kindergeneration besser verstanden werden.

Anhand von Beispielen wird diese Tatsache verdeutlicht. Es sind selbstverständlich leicht verfremdete Beispiele, um die Diskretion zu sichern, aber dennoch im Aussagewert authentisch. Stellen sie doch fernab der statistischen Relevanz den Kontakt zu Krankheitsfaktoren her, die ansonsten aus unterschiedlichen Gründen kaum ins Blickfeld treten würden.

Dieses Vorgehen ist also der Versuch, die Lebensperspektiven und Lebenserfahrungen einzelner Menschen zum Ausgangspunkt der Darstellung zu nehmen, ja sie selber zu Wort kommen zu lassen oder doch möglichst getreu nachzuzeichnen, was der Fall gewesen ist. (Das ist in etwa der umgekehrte Vorgang zu dem eines thematischen Buches, das von einem diagnostisch-therapeutischen Schema her seine Einsicht formuliert.)

Wir fragen im Anschluß daran nach den Möglichkeiten der Psychotherapie und auch nach denen des katholischen, christlichen Glaubens. Beide können aus dem Geschehen lernen. Für beide hat es Bedeutung. Wir alle können auf diese Weise voneinander lernen. (Je nach persönlicher Interessenlage ist es dazu nur notwendig, die Reihe der Therapie- oder Glaubensabschnitte systematisch zu lesen.) Diese Vorgangsweise führt nicht zur „Objektivität", wohl aber zu einer gemeinsamen Sichtweise, die eine tragfähige Konkordanz („Zusammenklang der Herzen") bewirken kann. Das erst macht es möglich, ein Phänomen von Bedeutung – das sind schließlich alle Lebensfigurationen – wirklich wahrzunehmen. Alles andere ist ja doch nur eine verzerrende, einordnende Tätigkeit, deren Ergebnis im vorhinein schon feststeht.

Ein „Kirchenschicksal" muß nicht unbedingt ein tragisches Krankenschicksal sein. Es gibt auch positive Kirchenschicksale, solche, die Menschen glücklich gemacht haben.

Aber wir widmen uns der „Krankheitsbeeinflussung durch die katholische Sexualmoral", so wie sie in den geschilderten Beispielen anzutreffen ist. Ehre den Opfern, Ehre auch allen, die in steter Bemühung um Verbesserungen bemüht waren. Ehre auch der Pioniergeneration der europäischen Psychotherapie: Sie hat in einsamer forschender Arbeit alle jene Fragestellungen gefunden, die heute so vielen Menschen weiterhelfen.

Psychotherapie und katholische Kirche haben durch ein Jahrhundert schlechte Beziehungen zueinander unterhalten. Es ist an der Zeit, einander zur Heilung schlimmer Leidenszustände alles mitzuteilen, was man an Heilendem zu haben glaubt. Und das ist – wie ich glaube – sehr viel, und dieses Buch ist ein Beitrag dazu. Sowie es eine läppische Verballhornung wirklicher Psychotherapie gibt, so gibt es eine pfäffische Destruktion des kirchlichen Glaubens. Er ist in seiner Substanz nicht lächerlich, nicht kriminell, auch nicht primitiv.

Vielmehr sind Psychotherapie und Kirche in der Suche nach existentieller Wahrheit verbunden, aber auch irritiert durch den Schatten vieler Skandale und Lächerlichkeiten, die sie nicht abzuschütteln vermögen.

Beide geben einen überreichen Erfahrungsschatz weiter, beide versuchen Leidenszustände zu bessern oder zu heilen. Die Psychotherapie tut das als junge Humanwissenschaft, die Kirche als Gruppierung, die in 2.000 Jahren zu einer Weltreligion herangewachsen ist.

Um nicht umständlich zu sein, nenne ich den substantiellen kirchlichen Glaubensweg einfach „Glaube", den der Psychotherapie kurz „Therapie".

Mein Dank gilt den vielen Menschen, die ihr Lebensschicksal zur Verfügung gestellt haben. Sie alle litten an einem oder mehreren Elementen eines sogenannten „katholischen" Glaubenssystems, das tief in ihre Seele abgesunken ist. Natürlich ist der Glaube der römisch-katholischen Kirche darin nur in Verzerrungen getroffen. Trotzdem: Er verstärkt gerade dadurch psychische Krankheiten oder löst diese sogar aus. Diesem Geschehen widmet sich das Buch.

Es schlummert in allen Problemen offensichtlich eine gemeinsame Glaubensvorstellung. Wir nennen sie einen „Negativ-Katechismus", dessen ungebrochene Wirksamkeit man nur bedauern kann. Dagegen hilft nur seine klare Verdeutlichung unter Verweis auf Schadensfolgen. Die „Früchte", an denen ein derartiger Glaube zu messen ist, „sind schlecht" (darüber steht schon einiges im Neuen Testament der Bibel bei Mt 7, 17 ff).

Die Möglichkeiten aber, Verzerrungen in Ordnung zu bringen, sind durchaus „gute Früchte". Um die bisweilen verzweifelte Suche nach diesen geht es hier.

Was sollte man anderes gegen den verzerrenden Mißbrauch des Glaubens tun, als ihn beim Namen zu nennen?

Was sollte die katholische Kirche im ganzen gesehen anderes tun können (obwohl sie da und dort wirklich dringend etwas tun müßte)?

Mit ihren althergebrachten Anathemen (Verfluchungen des Irrtums) oder Inquisitionsverfahren ist jedenfalls nichts zu machen. Mit Beschönigungen oder Angstpädagogik auch nichts. Genausowenig mit dem verzweifelten kurialen Versuch, aus der Gegenwart in ein Religionsmuseum zu flüchten.

Deshalb bleibt nur, auf die Möglichkeiten zu verweisen, die Therapie und Glaube bereithalten. Sie erschließen die Beispiele und Berichte, fragen nach der besseren Lösung und hoffen, daß daraus ein Schritt wird, der als Lösung zum Gesamtvorgang der Er-Lösung zählt – wie der Glaube sagen würde.

Meiner lieben Frau Christl, der Weggefährtin im Glauben und wunderbaren Therapeutin, widme ich dieses Buch.

A. Der krankmachende katholische
Negativ-Katechismus und seine Korrektur

1. Gott ist ein unberechenbarer Despot.
Wahr ist vielmehr:
Gott ist der unaussprechlich-tiefe Grund, aus dem und in dem
alles entspringt und der jeden Menschen anspricht und so zur
Person werden läßt. Wenn Gott ein Despot sein sollte, müßte
man versuchen, sich dieses Despoten zu entledigen. (Atheismus)

*2. ER hat sich absolut an die Kirche gebunden. Was sie tut, tut ER
     durch sie.*
Wahr ist vielmehr:
Die Kirche entsteht durch eine Reaktion der Menschen auf Gottes
Wirken. Sie ist im Glauben an IHN gebunden. Wenn Gott an
den Kirchenapparat absolut gebunden sein sollte, müßte man
aus der Kirche austreten. Gott ist „ein Gott der Lebenden (Menschen)" und nicht der Bürokratien und Apparate.

*3. Daher muß man der Lehre der Kirche gehorsam sein – Gewis-
     sen hin oder her – und jede Abweichung beichten. Sonst kommt
     man in die Hölle.*
Wahr ist vielmehr:
Nur die eigene verantwortliche Freiheit kann gesund machen.
Sie ist von Gott garantiert. Es gibt keine von IHM vorbereitete
ewige Straf-Hölle. Was es schon gibt, ist die freiwillige Ablehnung Gottes und die schreckliche Möglichkeit, daß diese endgültig wird. Aber ob jemand sich so entschieden hat, kann niemand wissen.

*4. Die Kirche sagt, was verboten und daher Sünde ist, und hat auch
     die Gnadenmittel, zu vergeben.*
Wahr ist vielmehr:
Die Kirchengemeinschaft als Ganzes gibt den Zugang zu Berei-
chen, die der bloßen Vernunft verschlossen sind. So gibt es in ihr

Vergebung und Befreiung aus der schrecklichen Ausweglosigkeit und den Folgen der Sünde. Das sind keine „Mittel" sondern Ereignisse existentieller Art.

5. *Hauptformen der Sünde sind: Unkeuschheit. Ungehorsam. Mangelnder Kirchenbesuch.*
Wahr ist vielmehr:
Die Zentrierung auf den äußerlichen Sündenbegriff ist ein krankmachendes Symptom. Sünde ist ein absoluter Verneinungsvorgang in der Tiefe der Person. Das mit der Wahrheit deckungsgleiche Eingeständnis vermag zu heilen.

6. *Hauptstrafen für die Sünder sind: Leiden aller Art zur Besserung oder in schweren Fällen die ewige Hölle.*
Wahr ist vielmehr:
Die Handlungen des Lebens haben Lohn oder Strafe zu allererst in sich. Die Höllenphantasien sind eine schreckliche Projektion, die jede Art an Brutalität auszulösen vermag. Von den Höllenphantasien muß man daher grundsätzlich Abstand nehmen.

7. *Wenn es einem gutgeht, ist das ein Zeichen, daß man der Hölle zugeht.*
Wahr ist vielmehr:
Das Gute im Leben ist wie das Leben selbst ein göttliches oder menschliches Geschenk.

8. *Beständige Angst und Furcht vor Gott hingegen führen zum Himmel.*
Wahr ist vielmehr:
Die Angstpädagogik ist ein für allemal vorbei und aufgehoben. Sie führt nur zu Zwangssystemen. Jetzt gilt freie Wegewahl zu Gott hin und freiwillige, spirituelle Nachfolge Jesu.

9. *Der Zwangszölibat ist Symbol und Kristallisationspunkt des katholisch-kirchlichen Glaubens.*
Wahr ist vielmehr:
Der Zwangszölibat ist eine kirchliche Fehlentwicklung und selbst

die Quelle zahlreicher Folgeprobleme. Die liebevolle Annahme der erotischen Sphäre insgesamt führt zur Entwicklung eines integrierten, gefühlvollen Menschen, der überhaupt nur so imstande ist, ein liebender zu werden. Der Mensch ist Frau und Mann. Ein Paar.

10. Der Gehorsam dem Papst oder Kirchenoberen gegenüber ist die Bestätigung der Kirchenidentität nach außen hin.

Wahr ist vielmehr:

Die außengesteuerte Kirchenidentität führt zu Heuchelei, Verdeckung der existentiellen Wahrheit und fundamentalistischen Haltungen, die unterdrückend wirken.

Dieses katholische Negativ-Glaubensbekenntnis ist rundum in destruktive Gestimmtheiten gehüllt.

B. Die wichtigsten destruktiven Glaubensgestimmtheiten

1. Latente Depressivität und Pessimismus.
2. Dauerheuchelei, um die Kluft zwischen den Sollensforderungen (Idealen) und der Wirklichkeit wenigstens dem Scheine nach zu schließen.
3. Eine märtyrerhafte, oft narzißtische Leidensstimmung als Abwehr oder auch mißglückte Bewältigung erotischer oder aggressiver Impulse.
4. Eine latente homoerotische Gestimmtheit seltener aufgrund einer Homosexualität als Triebvariante, sondern meistens eher als „erlaubtes" Ventil für erotisch-sexuelle Bedürfnisse.
5. Eine kindlich-regressive Gesamtgestimmtheit, die um so stärker zu beobachten ist, je stärker die Identifzierung mit der Kirche als Institution erfolgt ist. Man kann diese auch als Abwehr der Erwachsenheit verstehen.

C. Typisch kirchenkranke Begebenheiten. Eine Grundtypologie

Eine erste Annäherung an das Gesamtproblem

Sie stehen für viele, ganz ähnliche Begebenheiten, die immer wieder berichtet werden. Sie sind ein Typus krankmachenden Geschehens. Indem wir uns einem Bericht zuwenden, geben wir auch allen anderen jene Beachtung, die sie verdienen. Natürlich sind alle diese Vorfälle „multifaktoriell", wie die therapeutische Krankheitslehre sagt. Das darf aber nicht heißen, daß man beliebig von der einen auf die andere Ursache ablenken dürfte, wenn es um Einsicht und Verantwortung für das Geschehene geht. Es wird sich nur dann etwas zum Besseren wenden, wenn prägnant sein darf, was schicksalhaft prägnant geworden ist. Und wenn wir uns von dem Geschehen betreffen lassen. Daß mit diesen Erörterungen kein Gesamturteil über den Glauben oder die Kirchen abgegeben werden soll, versteht sich von selbst. Wohl aber ist es ein Versuch, die Stimme leidender Menschen anderen zu vermitteln, um ihr Schicksal auch sozial fruchtbar zu machen.

Wie die Vorgänge laufen, welche Rolle der Klerus spielt, welche Rolle die Kirche am Ort (die Pfarrgemeinde), welches Gewicht die Familienerziehung ausübt usw., das wird dabei erstmals in den Blick kommen. Zugleich wird auch die Atmosphäre spürbar werden, die bei soundso vielen Berichten immer wieder die charakteristische Färbung des Geschehens abgibt.

Wie dadurch auch Verstärkungen einer „außerkirchlichen" Problematik erfolgen, wird ebenso deutlich.

1. Beispiel:
„Unten bin ich ganz zu!" Anna und die Folgen frommer Prügel

Eine 55jährige Frau, Akademikerin, Sozialberuf, lächelt verlegen. Sie ist die Tochter eines Landarztes. Dieser war sehr fromm, sehr katholisch, sehr traditionsgebunden, hoch angesehen und leider auch sehr, sehr streng.

Als eines Tages in der Familie Gäste eingeladen waren, stand die übliche Ordnung der Dinge auf dem Kopf. Die kleine Anni, so nennen wir die Frau, kannte sich nicht mehr aus. Ihre fünf Jahre Familienwelt waren wie hinweggefegt. Die Kinder der Gäste besetzten ihr Zimmer, musterten ihren Puppenschrank, schlüpften sogar zum Spaß natürlich in ihr Bettchen, und das war der Punkt, wo es der kleinen Anni zuviel wurde. Sie war gewiß immer ein braves und folgsames Kind gewesen, das für jede gute Tat und für jedes kleine Opfer einen Strohhalm in die Weihnachtskrippe legen durfte. Aber daß fremde Kinder sogar in ihrem Bettchen lagen, schien ihr einfach zuviel! Sie protestierte lauthals, und es gab Streit. Im guten Glauben, völlig im Recht zu sein, protestierte sie weiter, und so wurden die Eltern aufmerksam.

Der Arzt-Vater schnappte sich seine Tochter beim Genick, schob sie in sein Arbeitszimmer, zog ihr den Kittel hoch und die Hose hinunter, legte sie übers Knie und verdrosch sie ordentlich. Dabei sagte er mit aggressiv-verhaltener Stimme: „Du wirst nie wieder so streitsüchtig sein! Du wirst jetzt nicht schreien, sonst bekommst du nur noch mehr Schläge!"

Anni erstarrte vor Schreck und Schmerz. Sie verschluckte sich, weinte und hielt sich gleichzeitig den Mund zu, während der Vater weiter und weiter auf sie eindrosch. Die Mutter im Nebenzimmer tat, als ginge sie das Ganze nichts an. Der Vater war das Haupt der Familie und sprach im Namen Gottes. So war es die Regel des Vierten Gebotes, und so war die Regel in der Familie.

Endlich hörte der Vater mit dem Schlagen auf.

„Ich weiß noch genau: Ich war vollkommen erstarrt. Ich spürte überhaupt nichts mehr, auch nicht die Schmerzen der Schläge. Ich zog mein Höschen hinauf, den Kittel wieder herunter und schlich mich in die Speisekammer. Dort blieb ich allein für mich bis zum Abendessen. Ich war erst fünf Jahre alt und hatte schon öfters Schläge bekommen, aber derart ungerechte noch nie. Ich war auch noch nie vor fremden Leuten von meinen Eltern so verraten worden. Von diesem Augenblick an war ich wieder ein braves Kind – pflegeleicht, Vorzugsschülerin, makellose Erstkommunikantin, eifrige Kirchgeherin, Firmkandidatin, später Jugendführerin und sogar Mitarbeiterin in der katholischen Frauenbewegung –, aber niemals hatte ich so etwas wie erotische Gefühle verspürt und war gänzlich unfähig, nur irgend jemandem körperlich nahezukommen. Es ging einfach nicht. Was weiß ich, was die Dichter und Filmleute an der Liebe fanden? Ich las philosophische Abhandlungen wie Martin Bubers ‚Ich und Du' oder Solowjows ‚Der Sinn der Liebe' oder die Theologenliteratur zu diesem Thema. Da kannte ich mich aus und konnte mehr oder weniger flott und kompetent mit anderen diskutieren.

Jahrelang gehörte ich zu einem Kreis junger Frauen, die den Jugendkaplan des Dekanates unterstützten. Wir waren sozusagen sein erweitertes Ich. Er war unser aller geliebter Mann-Guru-Priester. ‚Die fleischliche Liebe im Bett ist im Grunde ekelhaft', ließ er sich beim Ostermahl vernehmen. ‚Die intensivste Liebe gäbe es im Himmel. Sie ist rein, jungfräulich, selbstlos, respektvoll und dauert ewig!' Derartige Sätze gingen wie Öl in mein Hirn. Mehr benötigte ich nicht, denn von meinem Kopf abwärts war bereits ‚unten', und unten war ich tot. Später nahmen die Eifersüchteleien rund um den Jugendkaplan immer wildere Formen an. Deshalb zog ich mich langsam von ihm und dem ganzen Kreis zurück. Aber wohin sollte ich gehen?

Mein Bruder hatte versucht zu heiraten, es schien so irgendwie zu gehen, bis er sich eines Tages erhängte.

Mein streng katholischer Vater fürchtete sich, je älter er wurde, desto mehr vor dem Tod. Er hatte große Angst vor der Hölle, die sich in den langen, schlaflosen Nächten des Pensionisten zur Panik steigerte. Durch nichts war er zu beruhigen, auch die Sakramente schienen für ihn keine Kraft mehr zu haben.

Die Mutter war unerreichbar. Zeit ihres Ehelebens folgte sie dem Ideal: ‚Ich bin für jeden da, der mich braucht.' Obwohl sie sechs Kinder geboren hatte, war sie wirklich für jeden da, der an der Tür läutete, und das waren an der Tür eines Landarztes viele Menschen. So war sie ununterbrochen unterwegs, überall im Ort und in der Umgebung. Nur zu Hause war sie wenig. Dafür gab es die Caritas-Helferin! Und wir Kinder mußten aufeinander aufpassen. Wenn es schwierig wurde, hieß es: ‚Opfer bringen für Jesus!' Was sollte ich mit dieser Mutter? Was sollte ich mit meiner jüngeren Schwester, die in den Karmel ging? War sie dort glücklicher? Ich weiß es nicht. Ihr Geflüster durch das Holzgitter im Sprechzimmer verriet nicht viel, und die Post war offen abzugeben … Also ich hoffe, es geht ihr einigermaßen gut.

Zweimal habe ich es doch mit einem Mann versucht. Einmal war es ein verheirateter Kollege, der zwei kleine Kinder zu Hause hatte. Das schlechte Gewissen erdrückte mich! Ein andermal war es ein flotter Typ. So ganz anders, als es bei Buber und Solowjow beschrieben war. Aber vom Halse abwärts war Schluß mit mir. Es war wie eine unsichtbare Grenzlinie, die mich unterteilte. Wie ich schon sagte: Unten war ich einfach zu.

Manchmal halte ich noch ein Impulsreferat. Die Leute sehen mich freundlich an, aber sie setzen sich nicht gerne neben mich. Einzig sehr junge Frauen, die eine ältere Ratgeberin benötigen, die wenden sich mir zu, aber auch nicht lange. Sobald jemand anderer sich dazugesellt, werde ich allein gelassen.

Jetzt habe ich mir endlich eine Eigentumswohnung erspart, eine wirklich schöne Wohnung mit kleiner Terrasse. Aber darin lebe ich genau so verloren wie im Elternhaus. Man sagt, ich sei falsch, verdreht und eigentlich eiskalt. Sagen Sie jetzt nicht, das könnte stimmen, denn dann wüßte ich nicht mehr, wie ich das aushalten sollte. Immer über die Liebe philosophieren, nie Liebe erfahren haben und Panik bekommen, falls ein Mann auch nur ein bißchen näher kommt. Was soll ich noch tun? Ich bin eben unten zu und ich glaube das verdanke ich meinem prügelnden Vater und seiner Gläubigkeit! Und der lieben Kirche, die das alles zu legitimieren schien."

Was sagt die Therapie dazu?

Ein Blick auf die Familie, in die Anni hineingeboren wurde.

Die Familie, aus der Anna stammt, war eine festungsartig in ihr katholisch geprägtes Umfeld eingefügtes Gebilde. Sie unterlag der sozialen Kontrolle der Umgebung: War der Arzt in der Kirche?

Warum waren die Kinder nicht in der Rosenkranzandacht?

Hat die Frau auch genügend bei der Caritas-Haussammlung gegeben?

Und ist sie richtig angezogen?

Sauber und ordentlich ja, aber nicht schick oder gar verführerisch! „Herausputzen hat sie nicht notwendig!"

So ungefähr waren die Kontrollfragen gefertigt, die der Familie die soziale Stütze gaben.

Der Vater büßt, denn Sex ist schlecht!

Natürlich gab der Arzt die Tradition seiner Eltern weiter. Annas Großeltern waren Landwirte gewesen. Da der Bub zu schwach zur Arbeit war, durfte er studieren und sollte milieugerecht eigentlich Pfarrer werden. Aber da erfaßte ihn Angst, und so wich er vor dem Pfarrertalar in den Ärztekittel aus. Mit bleibendem schlechten Gewissen. Denn eigentlich hatte er doch versagt. Betete nicht die Ortsgemeinde am Priestersamstag jeden Monats für Priester und Ordensberufe?

Ist der Priesterberuf nicht unendlich höher zu schätzen als der Arztberuf?

Ist das heilige Meßopfer nicht in jeder Hinsicht mehr als die ärztliche Praxis?

Und wäre es nicht eine notwendige Sühneleistung gewesen, hätte er ein schwieriges, zölibatäres Priesterleben auf sich genommen?

Darauf wird er beim Jüngsten Gericht Antwort geben müssen. Deshalb ist das ganze Arztleben nur dann ein Äquivalent für das zur Seite geschobene Priesterleben, wenn es mindestens so streng und entbehrungsreich ist als dieses.

Ersatz und Sühne

Diese selbstauferlegte Ersatz-Strenge und Sühne-Zwanghaftigkeit entsteht aus dem Zusammenwirken familiär bedingter Verhaltensweisen mit der absoluten Verstärkung der katholischen Religion des beginnenden 20. Jahrhunderts. Der Vater gab atmosphärisch weiter, was er selbst sich zu tragen auferlegt hatte. Die „Freuden der Liebe" waren ein Zugeständnis, das ihm zeigte, wie schwach er im Grunde war. Das Gefühl, seine Frau zu besudeln, wenn er im Finstern unter der Decke mit ihr das tat, was er bei hellem Tageslicht entschieden geringschätzte, belastete ihn. Er warnte sogar seine Patienten: „Ich als Arzt weiß genau, wohin der Sex führt! Man sollte bei den Zwanzigjährigen einen Hebel umlegen können, damit sie zu zeugen beginnen und bei den Vierzigjährigen denselben Hebel wieder zurückdrehen können, damit der Sex ein Ende hat. Dann wäre gleich Frieden in den Familien und auf der Welt. Von Seuchen über Gewalttaten bis zu Mißbrauch, Ehebruch und Masturbation, alles hat mit der Sexuallust zu tun!" Das war sein Credo, und daran hielt er sich.

Die Mutter: Mit Hilfe der Nächstenliebe das Ehedebakel vergessen

Die Mutter kam aus einer bürgerlichen Kaufmannsfamilie: ein kleiner wohlbestallter Laden in einer größeren Ortschaft. Zentrum des Tratsches, Umschlagplatz so mancher Bekanntschaft, scheel beäugt vom Pfarrer des Ortes (weil zur Zeit der Sonntagsmesse geöffnet). Größtes Problem: neben einem Sohn drei Töchter zu verheiraten. Woher die Männer nehmen? Da kam der junge Arzt, aus guter ländlicher Familie stammend, gerade recht. „Ich hätte da jemanden, der eine Frau sucht", sagte der Pfarrer, als er mit dem Raiffeisen-Direktor zum Kaufmann zum Abendessen kam. „Da wären eure Töchter gerade recht. Eine wird ihn doch nehmen?"

Die Ehe ist ein Vertrag

So wurden die Familien zusammengebracht und handelseins. So wurde Maria die Frau des Arztes. Natürlich gab es vor der Ehe keine Zärtlichkeit (denn das wäre gefährlich) und keinen Sex (das wäre eine Todsünde!). Was es gab, waren Spaziergänge im öffentlichen Bereich und klärende Gespräche: Wie wollen wir's halten? Geld? Kinderzahl? Wohnort? Etc., etc. So war auch der Beginn der Ehe. Man durfte sich natürlich nicht in der Hochzeitsnacht wie das dumme Vieh aufeinanderstürzen, sondern mußte die körperliche Vereinigung durch drei Nächte des Verzichts hinauszögern. Und da es nun ja einmal sein mußte, kam es schließlich zur Zeugung von Kindern. Das war's dann auch. Denn die Schicklichkeit, die es zu bewahren galt, hatte obsiegt. Von Lust war nicht viel zu bemerken gewesen. Gott sei Dank! Denn es hieß im Beichtspiegel des Diözesangebetbuches auch nicht „eheliche Lust" sondern „eheliche Pflicht". Diese hatte man nun erfüllt. Also belud sich Frau Maria mit Idealen der Nächstenliebe und versuchte zu vergessen, wie sie eigentlich an diesen pflichtbewußten, strengen Mann geraten war.

Des Pfarrers „Volksbriefe":
Ein Abriß vulgärkatholischer Sexualmoral als Problemverstärker

Vielleicht sollte man noch an den spezifischen Hintergrund erinnern, aus dem die Familie der Frau kam. Es war ein kleiner Ort am Donauufer gewesen. Der eifrige Ortspfarrer schrieb weitverbreitete Kleinschriften zu Lebensfragen. Den Ehefrauen predigte er, daß „die eheliche Pflicht immer dann zu leisten ist, wenn der Mann das verlangt, zur Vermeidung gröberer Unzuchtssünden. Auch wenn das mitten am Nachmittag in der Küche des Hauses sein sollte".

Was schließlich wirkt: die „katholische Verstärkung" mit Ewigkeitswert

Nun muß man aus therapeutischer Perspektive eine derartige Schilderung auf das Wirkende reduzieren. Dabei käme die schon erwähnte zwanghafte Struktur des Ehemannes, die depressive Gestimmtheit der Ehefrau, die starke normative Bestimmtheit der Interaktionen und der daraus resultierende Normendruck, den die Familie auszuhalten hatte, zum Vorschein. Selbstverständlich findet man derartig beschreibbare Familien auch ohne alle katholische Verstärkung.

Aber das Problem, vor dem wir stehen, ist gerade diese Verstärkung, weil sie sozusagen aus dem Jenseits kommt und Ewigkeitswert mit sich führt. Hat nicht Gott selbst seinen Willen durch die Kirche geoffenbart, und müssen sich Christen nicht strikt an diese halten? So macht es einen Unterschied, ob jemand sagt, „ich ekle mich vor Sexualität" oder jemand zuzüglich sagen kann, „ich leiste damit Sühne für alle Sünden der Unkeuschheit". Im zweiten Falle ist die Problemgestalt „Ekel" ungleich stärker mit Bedeutung besetzt und zugleich verschleiert, denn es geht offensichtlich nicht um Sühne (was eine sekundäre Rationalisierung ist), sondern um den Ekel vor Leiblichkeit. Sexualität ist das erfahrungsmäßige Symbol für Leiblichkeit überhaupt.

„Nur keine Therapie, obwohl sonst auch nichts hilft!"

Die Familie und Frau Anna, die Klientin, haben es jahrelang strikt abgelehnt, eine Therapie zu beginnen. „Wir haben unseren Glauben!" sagten die Eltern. „Hört mir auf mit den Psychos!" sagte die gebildete Frau Anna. Der Widerstand war ihnen gemeinsam, denn ihre Intuition sagte ihnen, daß Therapie zur Aufdeckung der krankmachenden Strukturen führen würde. Dieser Gedanke war nicht nur verboten (als falsche Norm sozusagen), sondern auch ohne Perspektive. Was sollte man denn dann machen? Es gesellte sich also Ratlosigkeit dazu.

Warum kirchliche Heilsangebote nicht halfen

Die im kirchlichen Milieu beheimateten Heilangebote waren nicht sehr hilfreich, weil sie aus einer Rezeptur bestanden, die genau das vorschrieb, was der Familie am meisten geschadet hatte: Sühneopfer, moralische Strenge, Zwangsgebote und ideologischer Applaus an falscher Stelle. Wie sollte ein Sühnerosenkranzgebet jemandem helfen, der deshalb sühnen muß, weil er nicht wagt, seinem Sexualekel ins Antlitz zu blicken?

Wie sollten die in Predigten herniederprasselnden „Sollte-Müßte-Formulierungen" verkraftbar sein, wenn die Differenz zwischen dem Gesollten und dem Tatsächlichen schon von sich aus als übergroß empfunden wurde? Woher ja auch soviel psychischer Druck kam ...

Der Beispiele ließen sich noch viele bringen. Immer ergäbe sich ein vergleichbares Bild: Das vor Ort konkrete kirchliche Heilungsangebot wirkt negativ, weil es mit den krankmachenden Faktoren verbündet ist und nicht auf der Seite der heilsamen therapeutischen Wahrheit steht.

Die Therapie war einfach stärker als der Glaube

Deshalb wirkte der mitgebrachte kirchliche Rahmen an Bedeutungen, an Wertvorstellungen und Sanktionen im Übertretungsfalle zur bereits vorhandenen Problematik als Verstärkung. Deshalb war auch der Widerstand von Frau Anna und ihrer Herkunftsfamilie durchaus verständlich. Denn diese Form von Glauben konnte einer Therapie nicht standhalten. Es gab überhaupt keinen Weg, mit Frau Anna therapeutisch zu arbeiten und gleichzeitig ihre Glaubensinhalte unangetastet zu lassen. Frau Anna spürte das richtig, auch wenn sie vielleicht nur vage Formulierungen für ihren Widerstand gebrauchte.

Welche therapeutischen Möglichkeiten gäbe es?

Zuerst einige Grundlagen: Die Voraussetzungen einer Therapie

Wir müssen mit der Voraussetzung jeder therapeutischen Arbeit beginnen. Diese benötigt zuerst eine tragfähige Verbündung mit dem Therapeuten. Je mehr man sich klarmacht, wie stark Frau

Anna in ihre Herkunftsfamilie eingebunden ist, desto klarer wird auch die Notwendigkeit einer starken, belastbaren Beziehung zum Therapeuten oder der Therapeutin gesehen. Ganz wichtig ist dabei, jedes „Entweder die Familie oder die Psychotherapie" von Anfang an zu vermeiden. Vielmehr muß Frau Anna geholfen werden, in zumutbaren kleinen oder auch größeren Schritten das ganze Ausmaß ihrer familiären Verstrickung zu erkennen.

So könnte der therapeutische Prozeß weitergehen: Wo ist der Zorn?

Dabei wird sich ihre Loyalität zu ihren Eltern und ihren unglücklichen Geschwistern ebenso zeigen wie die Verzweiflung darüber, daß es ihren Eltern im Leben nicht besser erging, „obwohl sie doch so fromm waren"! Zugleich wird jene Gefühlsschichte von Zorn zugänglich werden, die es aufgrund der Gesamtsituation ja irgendwo in ihr geben muß: Zorn auf den Ortspfarrer, der schon ihren Vater für den Klerus gewinnen wollte und dabei ein Mitverursacher späterer Gewissensbisse des Vaters wurde; Zorn auch auf die Religionslehrer und „das katholische Milieu", das hauptsächlich als Druckverstärkung gewirkt und so wenig zur Beendigung ihres Leidenszustandes als Kind beigetragen hat.

Unausgedrücktes erkennen

Schmerz und Tränen der Prügelszene, die nicht ausgedrückt werden durften und die Anna eine traumatisierend-schwere Blockade ihrer Wahrnehmungsfähigkeit eingetragen haben.

Gefühle des Verrates und des Verlustes, die sie durch das Verhalten des Vaters und der Mutter erlebt hatte und die mit der Erinnerung und dem Durcharbeiten dieser Szenen erst richtig bewußt werden.

Schließlich auch die offenen und ungelebten Perspektiven ihres bisherigen Lebens, die durch ihr Schicksal irritiert worden waren:

Wo ist die Liebe zu den Eltern zu finden?
Gibt es diese überhaupt noch?
Wo ist der Glaube hingekommen?
War alles ein verheerender Wahn gewesen?
Wo steht Anna heute?

Es wird schwierig, wenn es um Veränderung geht

Alle diese Aspekte ihrer Existenz gehen mit einer ungeheuren
Dynamik einher. Das bedeutet, daß keine dieser Fragestellungen
wirklich besprechbar ist, wenn nicht sorgfältig und geduldig das
Hin und Her zwischen der faktischen Wahrheit des Geschehenen
und ihrer Verdeckung samt Leidensfolgen im Auge behalten
und einer Lösung zugeführt wird. Gelingt das nicht, könnte Anna
von den intensiven Gefühlen und Impulsen überschwemmt in
eine bedrohliche Lage kommen: Wer bietet dem gesammelten
Ansturm jene feste Struktur, wenn zugleich das Normengefüge
des bisherigen Glaubens erschüttert werden muß?

Ein Spalt Hoffnung: Mach doch einmal etwas anders …

Der behutsame Abbau der unterdrückenden, krankmachenden
Normen und deren Ersatz durch lebensentsprechendere, gesün-
dere führt immer wieder zu kritischen Situationen vorüberge-
hender Chaotik: „Mach doch einmal etwas anders, als du es bisher zu tun gewohnt warst" ist ein richtiger Impuls mit bisweilen
riskanten Folgen. Was wird Annas Umgebung sagen, wenn sie
plötzlich der Pfarre und der Kirche nicht mehr zur Verfügung
steht („Ich habe die Nase endgültig voll!") und dafür Männerbe-
kanntschaften sucht („um Erotik einmal richtig auszuprobieren").
Wird das verstanden werden? Gäbe es dafür überhaupt eine
Chance? Und wird Anna vor sich selbst bestehen können? Wird
sie dann „unten offen" sein oder das Problem einfach nur über-
spielen? („Ich spüre sowieso nichts – mir ist jeder recht, der mich
mag!")

Alles hat seinen Preis!

Diese offenen Fragen deuten einige – beileibe nicht alle – Möglichkeiten an, die von vornherein die Therapie von Anna schwierig machen könnten. Sie sind vermutlich der Preis, der zu bezahlen sein wird, um zur eigenen Ganzheit, Geheiltheit und Gesundheit zu gelangen. Denn alles hat seinen Preis an persönlichem Einsatz – selbst die therapeutische Problemlösung, selbst die Wahrheit, selbst die Gesundheit.

Was sagt der Glaube dazu?

Einige Grundfragestellungen vorab:
Wo ist die spirituelle Ebene erreichbar?

Sie kommt zu allererst nur in der Negativform eines unterdrückenden Kirchensystems vor. „So ist es sicher nicht!" ist eine Art von negativer Theologie, die immerhin den Blick über die schauerlichen Verdrehungen und Verdeckungen des Anna vorgelebten Glaubens hinaushebt. Um die auftretenden Fragen aber beantworten zu können, müssen wir vorerst das spirituell-therapeutische Terrain sondieren, das es zu bedenken gilt. Es sind also theoretische Grundfragestellungen, die durch den „Fall Anna" ausgelöst werden. Wir werden die gewonnenen Perspektiven und Antworten auch für die folgenden Berichte dringend benötigen.

Wie kann man glauben?

Beginnen wir mit dem „katholischen Umfeld", das den Glauben Anna gegenüber konkret vertreten hat:

Wenn es „so, wie der Vater, die Mutter und das katholische Ortsmilieu es sagen", sicher nicht ist, wie ist es denn dann mit dem Glauben?

Gibt es denn neben dem Glauben, der Anna innnerhalb ihrer

Familie entgegentritt, noch eine andere, eigentlichere oder bessere Form des katholischen Glaubens?

Kann man ihn sich einfach korrigierend zurechtdenken?

Oder wäre es nicht schlicht und einfach redlicher, nicht nur diese Art von Glauben, sondern überhaupt jeden Versuch zu glauben als Irrweg beiseite zu legen?

„Verlasse, was dich krank macht!" Eine Problemlösung?

Und müßte dann nicht die allereinfachste Lösung für Anna und alle an der Kirche Leidenden die sein, ihr ganz einfach den Rücken zu kehren? „Verlasse, was dich krank macht, und verschwende deine Energie nicht auf Versuche der Rehabilitierung des katholischen Glaubens. Sie können niemals gelingen!"

Sigmund Freud (Psychoanalyse), Jakob Levy Moreno (Psychodrama), Fritz Perls (Gestalttherapie) u. v. a. waren Gründergestalten der Psychotherapie und zumindest Agnostiker („Wir wissen nichts Genaueres"), wenn nicht Atheisten („Einen derartigen Gott darf man nicht zulassen!"). Sie hätten vielleicht in diesem Sinne einen Abschied von der Kirche unterstützt.

Der Glaube schimmert durch Verzerrungen hindurch

Ehe wir vorschnell zu einer Antwort kommen, müssen wir nach der Gestalt des Glaubens in Annas Elternhaus fragen. Sie gleicht einer dämonischen Nachäffung des wirklichen Glaubens. Es könnte also sein, daß zwischen Ja und Nein zum Glauben und zu Gott erst die gesamte Breite des Glaubensphänomens in den Blick kommen muß. So wie jemand, der eine kabarettistische Verzerrung des Donauwalzers hört, durchaus imstande sein kann, die Gestalt des wunderbaren Originals hindurchzuspüren, so kann es auch sein, daß in den grausamen Verzerrungen des konkreten Kirchenglaubens an Annas Wohnort dennoch etwas vom „wirklichen" oder „eigentlichen" Glauben durchschimmert (wie oben angedeutet wurde).

Daß also jemand wie Annas Vater nach einem irritierten Leben schlußendlich in grausamen Aggressivitäten seiner Tochter gegenüber verfangen war, ist tragisch genug. Daß er zeit seines Lebens aus der Ablehnung der erotischen Liebe nicht herausfand und bei der Höllenangst enden muß, wirkt wie ein Gericht über diese Art des Glaubens. Die Wahrheit liegt also nicht in einem Ja oder Nein intellektueller Art, sondern in einer Stellungnahme zu einem Gesamtvorgang „Glaubensgestalt in der Lebensgestalt". In diesem Vorgang (oder Prozeß) zeigt sich die Bedeutung des Glaubens für Annas Vater z. B. in Form von Szenen und Abläufen. Sie führen zu einer „Botschaft", die man aus den Vorgängen „lesen" kann.

Oft benötigte Beschreibungen: Betroffenheit, persönliche Evidenz, Glaubenssicherheit

Wenn man im Herzen berührt wird („existentielle Betroffenheit"), entsteht persönliche Evidenz. Man sieht, wie man es anders nicht sehen kann. Das Wort erinnert daran, daß wir Klarheit benötigen, um überhaupt zu sicheren Entscheidungen finden zu können.

„Es sieht so aus, weil es für mich so ist", sagt das Wort „Evidenz". Es ist natürlich eine subjektive, persönliche Sicherheit, die damit gemeint ist. Sowohl für die Psychotherapie wie auch für den Glauben ist der Begriff „Evidenz" unaufgebbar. Alle diese Überlegungen sind für das Verständnis von Annas Familienglauben (und Glauben überhaupt) als Voraussetzung notwendig.

„Dynamik" bedeutet eine Wirkung als Macht und Gewalt

Aber nun zurück zu Anna. Aus dem Blickwinkel des Glaubens kommt deutlich die Unterjochung von Annas Familie unter die „Mächte und Gewalten dieses Äons" (wie Paulus die Familiendynamik bezeichnen würde) zum Vorschein. Der Glaube begnügt sich nicht mit der wissenschaftlich distanzierten Schilderung. Er sagt deutlich, daß diese dynamischen Mächte (die Paulus auch „Sündenmächte" nennt) mit den Schicksalen der Familie verknüpft sind. Es ist gemäß der jesuanischen Offenbarung nicht Gottes Wille, was an Leid und Verletzung in Annas Familie wechselseitig allen Mitgliedern widerfährt. Der Glaube widerspricht damit dem „katholischen Familienglauben von Annas Familie".

Wer „unten zu" ist, kann schwerlich „nach oben hin offen" sein!
(Oder: Über das heikle Verhältnis von Natur zu Gnade)

Das wird besonders am therapeutischen Einstiegsthema Annas („Unten bin ich ganz zu!") deutlich. Wer nicht fühlen kann, was sein eigener Körper fühlt, der kann sich durch sein Gefühl auch nicht mehr vergewissern, was er oder sie wahrnimmt. So jemand ist dann aber auch außerstande zu lieben.

Wenn einer nicht lieben kann, sondern nur normengerecht darüber denken oder reden, wie soll so jemand beten können? Oder gar Gott lieben? Oder einen Gottesdienst mitfeiern?

Wer also „unten zu" ist, kann nach oben hin nicht offen sein. Die Realität ist immer eine vermischte. Immer beeinflußt der Himmel (als „Oben" oder „Gnade" oder „Übernatur" bezeichnet) die Erde (als „Unten" oder „Natur" bezeichnet). Deshalb gäbe es auf dem Planeten Erde nichts, was nur Natur, und ebensowenig etwas, was nur Gnade wäre.

Alles Irdische ist von himmlischer Bedeutung und alles Himmlische von irdischer. Es mag sein, daß diese Sätze abstrakt erscheinen. Aber die Praxis zeigt, daß sie es nicht sind. Sie nicht zu beachten führt in Sackgassen der Irrealität.

Psychotherapie und Spiritualität

Die Heilung durch den Weg des Glaubens benötigt daher sehr oft die normale Psychotherapie als Voraussetzung. Spiritualität fängt daher schon mitten in der therapeutischen Arbeit an. Sie beginnt zu einem Zeitpunkt zu wirken, zu dem sie selbst noch gar nicht so bezeichnet wird. Vielleicht ist man sich dessen auch noch nicht so bewußt. Auf jeden Fall aber kommt es, falls die begonnene Spur der Einsicht weiterverfolgt wird, zu einem Wechsel des Standortes.

Standortwechsel des Glaubens: Annas Familie „von oben" betrachtet

Der gesamte psychotherapeutisch relevante Prozeß „Anna" kann auch von oben angesehen werden. Dieser Standortwechsel läßt dieselbe eben durchlaufene Wegstrecke des Lebens in einer neuen Beleuchtung erscheinen. Es ist wie eine Schwerpunktverlagerung: War es bisher ganz selbstverständlich, die Phänomene „von unten" anzusehen – so, als ob es gar keine andere Möglichkeit gäbe –, so ist es jetzt auf einmal ganz umgekehrt: Genau dieselben Phänomene werden in einer Beleuchtung „von oben" sichtbar, die bislang übersehen oder vielleicht durch Überblendung oder auch Verdunkelung unwirksam gemacht wurde.

Was sichtbar wird: Problemgestalten, ins Zwielicht getaucht

Was im Licht erscheinen kann, das kann auch unbelichtet bleiben. So kann es sich verbergen oder übersehbar gemacht werden. Die so entstehende Zwielichtigkeit der Welt ruft nach Aufklärung, damit wir real sehen können, was jeweils der Fall ist. Psychotherapie und Spiritualität sind beides Aufklärungsversuche. Sie treffen sich in den konkreten Lebensphänomenen. Beide sehen auf Annas Lebenslauf.

Über Phänomene und Perspektiven

Phänomene sind also Problemgestalten oder auch Lebensgestalten. Sie beginnen, formieren sich dann, um prägnant und deutlich zu werden. Abschließend treten sie in den Hintergrund zurück und machen einem neuen Phänomen Platz. In diesem Ablauf (Prozeß) werden sie für uns erkennbar. Indem Anna ihr Problem erzählt, wird der Prozeß oder Vorgang ihres Lebenslaufes ein Stück weit sichtbar. Dazu benötigen wir aber eine Beleuchtung und eine Perspektive, unter der er gesehen werden kann. Jeder von uns kennt alle hier beschriebenen Vorgänge aus dem alltäglichen Umgang mit Wegen, die man zu Fuß zurücklegt oder auch aus Fahrten mit dem Auto auf der Autobahn, um ein Beispiel zu nennen. Menschen, die einem begegnen, oder entgegenkommende Lastwagen werden unter einer gewissen Perspektive wahrgenommen, sie benötigen einer Art von Beleuchtung und Anleuchtung, um sicher verifizierbar zu sein.

Der Standortwechsel des Glaubens bewirkt eine Beleuchtung „von oben". (Der Vers 10 des Psalms 35, „In Deinem Lichte sehen wir das Licht!", ist von alters her in diesem Sinne verstanden worden.)

Nochmals: Zwei Blickweisen am „Beispiel Anna" verdeutlicht

Versuchen wir also im Lichte des Glaubens auf Anna zu blicken. „Unten bin ich ganz zu!" sagte sie. Wenn wir versuchen, mit diesem Licht, das uns selbst erleuchtet, auf Anna zu blicken und ihr zu begegnen, so löst ihr Satz Erschrecken aus:

„Das darf nicht wahr sein! Wie kann sie so leben! Diese schreckliche Prügelszene durch den Vater samt schweigender Mutter!"

Hilfe als Abwehr des Bedrohlichen

Üblicherweise löst die Begegnung mit einem derartigen Phänomen sofort irgendeinen Hilfsimpuls aus. „Das werden wir schon hinkriegen!" Oder: „Mit einem therapeutischen Trainingsprogramm läßt sich das schlimme Trauma löschen!"

Dieser rasche Impuls, den inneren Anblick des geschlagenen

und versehrten Kindes Anna in Rettung zu verwandeln, hilft vor allem uns selbst. Wir halten das Bild nicht aus. Wir leiden unter Annas Situation. Wir sind entsetzt, daß mitten in einer scheinbar so ordentlich christlichen Welt derartiges passieren kann. Es ist also unsere eigene Weltanschauung, die zu allererst in Frage gestellt wird. Und es ist auch unsere eigene Sicherheit und unser eigenes Zutrauen zu den christlichen Lebensgestalten, das durch Annas Milieu erschüttert wird.

Was im Glauben sichtbar wird:
Die gegenseitige (sündige) Verstrickung

Wenn wir diese Erschütterung zulassen können und im Lichte des Glaubens die Prügelszene und alles rundherum wahrzunehmen versuchen, so erscheint zuerst eine ungeheure, niederdrückende Verflochtenheit von Annas Familie. Alle versuchen offenbar ihr Bestes und erreichen aber eine immer nur größere Verstrickung ins Negative.

Diese fängt schon bei den Großeltern an: Kann man es ihnen denn verdenken, wenn sie als nüchtern denkende Bauern feststellen, daß ihr Sohn nichts für die Feldarbeit sei? Daß er zwar ein kluges Köpfchen habe, aber daß ein solches Köpfchen für das harte Zupacken beim Einbringen der Ernte wenig erbringe. Das ist verständlich. Also: Soll er halt in das sogenannte „kleine Seminar" gehen und dann in das große auf die Universität. Schließlich wird er ein hochwürdiges Leben führen – ehelos, institutionsabhängig, ein lebendes zölibatäres Kirchensymbol, dafür aber in der Pfarre geachtet. Ein „geopferter Sohn" als Ausgleich für viele Wohltaten, die die Familie von Gott erhalten hat ... Man kann ihnen derlei Motive nicht verdenken, liegen sie doch auf der Fortsetzungslinie der Familientradition und bewegen sie sich doch im Rahmen des Milieus und des Üblichen.

Im Lichte des Glaubens aber wird eine zusätzliche Perspektive deutlich. Etwa so: Der Vater Annas entzieht sich diesem familiären Berufswunsch glücklicherweise. Indem er nicht Priester wird, schraubt er sich sozusagen ein Stück weit aus der vor-

gesehenen Rolle als „Ganzopfer" heraus. Zwar kommt er damit
nicht sehr weit. Die Arztrolle, die er wählt, liegt in der Nähe dieses „Ganzopfers" und obendrein nimmt er ein Stück des mißver-
standenen Zölibates mit. Er nennt Sexualität fortan „böse",
obwohl Gott sie „gut" genannt hat. Dadurch entsteht eine sexual-
moralische Wendung zum Schlechteren. Das ist im Wesen eine
Sünde.

Der Einstieg in den Sündenbereich. Ein Machtwechsel

Und so kommt er auch unter die Macht der Sünde. Für die
Offenbarung ist das Wort „Sünde" weniger ein Moralbegriff, sondern mehr ein Begriff, der einen Herrschafts- oder Machtbereich
benennt. „Sündigen" als Tätigkeitswort heißt dann nicht moralische Regelübertretung, sondern vielmehr Zustimmung zu einem
Machtwechsel: Weg von der freiwilligen Gottzugehörigkeit (dem
göttlichen Herrschaftsbereich, auch „Gnade" oder „Reich Gottes"
genannt) und hin zum Herrschaftsbereich der Sündenmacht
(manchmal „Welt" oder „Fleisch" oder auch „Reich der Dämonen" oder „Satanas" genannt).
     Die Sünde hat Annas Vater durch die Prügelei in den Fängen.
Sie war die Eintrittshandlung. Konsequenterweise läßt sie ihn
nicht mehr aus. Immer mehr verwechselt er Glaube mit Disziplin und Treue mit Bestrafung. Die Prügel machen aus seinem
eigenen Kind, das vielleicht glaubensfähig gewesen wäre, eines,
das wenig glaubensfähig ist. Der Grund ist: Es kann nichts mehr
fühlen. Wer „unten zu" ist, ist gefühlsmäßig ziemlich „überall zu".
Die Prügel des Vaters bewirken eine schwere Körper- und See-
lenverletzung Annas.

Die böse Tat frißt sich weiter fort

Ein Vater, der seinem Kind so etwas antut, setzt seine eigene
Zugehörigkeit zu der Familie, die er selbst begründet hat, aufs
Spiel.

Die abseits in der Küche schweigend arbeitende Mutter macht sich mitschuldig. Sie hätte durch ihr Eingreifen die Chance gehabt, der Schuld zu entgehen.

Durch ihre Passivität – das berühmte mütterliche Wegschauen – aber wird sie in den Strudel der Schuld mit hineingerissen. „Schuld" ist hier kein bloß moralisches Unglück, sondern vor allem ein spirituelles.

Schuld und Schuldgefühl sind nicht dasselbe

Die Eltern sind auf diese Weise wirklich ihrer Tochter genau das schuldig geblieben, was sie ihr kraft der Elternschaft eigentlich hätten geben müssen: Wärme, Solidarität, Respekt und Achtung vor der kindlichen Erotik. Vor allem hätten sie ihre Tochter vor der aggressiven Enteignung ihres intimen Lebensraumes durch die Gäste beschützen müssen.

Die Vorstellung, daß Gäste stets vor den eigenen Kindern den Vorrang beanspruchen dürfen, ist ein unterdrückender Familienmechanismus. Er hat viel mehr mit berechnender sozialer Anpassung zu tun, als es beim ersten Hinsehen scheinen mag. Er verwandelt die Gäste in eine Art von Invasionstruppe und eigene Kinder in rechtlose Familienmitglieder. Die Eltern werden dann zu sklavisch-willfährigen Komplizen der Gäste. Eine rundum schlimme Dynamik.

Das Mörderische im Familiengeschehen

Diese Dynamik ist es, die genau besehen etwas Mörderisches an sich hat. Sie tötet allmählich die Würde der Familienmitglieder. Sie denunziert menschlich erotische Liebe – die Quelle des Familienlebens – als böse.

Sie schneidet die Gesamtfamilie immer mehr von der Quelle und Lust des Daseins ab, indem sie immer mehr auf einen Gebotsglauben hinzielt, aus dem dann ein Vernunftglauben wird. Also im Grunde ein Unglauben.

Die quälende Höllenangst ist der dynamische Schlußpunkt

Unglaube benötigt kraft mangelnder „Eigenfühlung" eine auslegende Autorität und macht Menschen immer abhängiger. Schließlich gelangt man bis zu dem Punkt, an dem große Teile der eigenen Person entweder geleugnet oder projiziert (= nach außen abgestrahlt) werden müssen. Der pensionierte Vater mit seinen Angst- und Höllenattacken ist nur noch von seiner schrecklichen Innenwelt umgeben. Ein Nachbar im Krankenbett des Spitals wird zu ihm sagen: „Herr Doktor – sehen Sie doch die wunderbaren Kastanienblüten vor unserem Fenster!" Und der Vater wird am Tiefpunkt seiner Qual sagen: „Was helfen die Blüten gegen die Flammen der Hölle! Um Gottes willen – so helfen Sie mir doch! Laßt mich nicht alle so im Stich ...!"

Nach diesen ersten Hinführungen zur spirituellen – hier konkret kirchlichen Ebene – zurück zu Anna.

Aus ihrer Begegnung mit dem gegenwärtigen, lebenden Jesus Christus (in den spirituellen Schätzen der Kirche) hört Anna zu allererst die liebevolle Einladung Jesu:

„Kommt alle zu mir, die ihr mühselig und beladen seid. Ich will euch erquicken."

Erquicken heißt: frisch machen, erneuern, jugendlich und voll Hoffnung machen. Unter SEINER Gegenwart kann das Gericht über die Familie – so im Offenbarwerden der Schuld und auch der Sündenmacht, unter der die Familie leidet – als ein Zurechtrichten oder In-Ordnung-Bringen erfahren werden. Was es auch ist.

Die Folge dieser Zurechtrichtung ist eine spürbare tiefe Ruhe, die eine Übereinstimmung signalisiert. So, als ob jemand – vielleicht auch Anna – zu sich und zu Gott gefunden hätte.

Einwände stören spirituelle Vorgänge

Das Problem bei diesem Vorgang ist seine Wahrnehmung. Er kann durch Einwände, Diskutiererei und natürlich auch durch glatte Ablehnung zunichte gemacht werden. Er kann auch, übertönt durch attraktivere Vorgänge, durch Abwehrmechanismen aller Art oder durch Halbherzigkeit, unwirksam werden. Sehr schwierig ist für Außenstehende die Objektivierung dieses subjektiv-intimen Vorganges.

Die Form der Mitteilung ist die persönliche Bezeugung. Anders geht das nicht. Und die Atmosphäre muß dafür stimmig sein. Das alles sind beachtenswerte Voraussetzungen. Deshalb unterscheidet sich die Ebene des Glaubens grundsätzlich von der wissenschaftlich-objektiven. Und deshalb kann man weder Gesetzmäßigkeiten noch Techniken angeben, nach denen zu verfahren ist. Alles kommt darauf an, dieser Ebene zu begegnen und sich dem göttlichen Geschehen auf dieser Ebene zu überlassen.

Eine spirituelle Erschütterung mündet vor Gott. Über Mystagogie

Die Erschütterung über das Zutagetreten von Schuldigkeit und Unterdrückungsmacht in Annas Familie mündet in eine Zuflucht zu Gott. Alles, was Anna auf diesem Wege benötigt, ist eine Mystagogie – eine Wegweisung – durch jemanden, der weiß, und erfahren hat, wovon er spricht. Wenn Anna dort angekommen ist, ist eigentlich die Hauptsache geschehen.

Es ist dann nicht mehr so, daß Annas Identität „von unten" bestimmbar wäre. So als ob es von den Humanwissenschaften und dem Spiel der Genetik via DNS abhängen würde, wer sie wirklich ist. Sie findet zu sich, indem sie zu Gott gefunden hat. Denn SEIN Mysterium spiegelt sich in dem Mysterium, das sie als Mensch darstellt und das von außen nicht beurteilbar ist.

„Gesundheit und Krankheit": Nachdenklichkeit ist vonnöten

Deshalb ist auch die Frage „Gesundheit und Krankheit" nicht ganz einfach nach den Normen der Weltgesundheitsorganisation zu lösen. Vielmehr sind diese Normen zuerst eine Art richtungsmäßige Voraussetzung, um dann in der Begegnung mit Gott unendlich überboten und in Frage gestellt zu werden.

Schließlich bleibt jene Art von Schuldigkeit (Annas Eltern) offen, die durch niemanden mehr ausgeglichen oder bezahlt werden kann. Daß Jesus der „Kyrios" (Herr) der Geschichte (die Gesamtgestalt aller Prozesse auf dem Planeten) geworden ist und der „Herr aller Mächte und Gewalten" (liturgischer Text) bedeutet, daß seine Anrufung im Gebet der einzige Schutz und eine Möglichkeit der Behütung ist, der verheerenden Wirkung dieser Gewalten zu entgehen.

Der Glaube kann Anna empfehlen, was der Psychotherapie nicht zusteht. Er kann auf das Gebet hinweisen.

2. Beispiel:
„Ich habe sie so sehr geliebt, aber jetzt will ich nicht mehr!"
Maria und Josef leiden unter der katholischen Sexualmoral

Josef war ein zierlicher Bauernbub; eigentlich wurde er „Seppi" gerufen. Sein Vater war ein „Nerverl", wie die Nachbarn feststellten. Denn in der 700 Meter hoch gelegenen Streusiedlung kannte jeder jeden. Man sah sich bei der Feuerwehr und war in der Nachbarschaftshilfe aufeinander angewiesen. Seppis Vater war schwierig. Eine Erbgeschichte, über die niemand so recht sprechen wollte, „hat er nicht derpackt", wie es nüchtern hieß. „Entweder man packt es, oder nicht! So ist das Leben!" war die Maxime. Der Stärkere siegt, und wer verloren hatte, mußte selber zusehen, wie er zurechtkam. War es in der Natur nicht auch so? Die schwächeren Tiere überleben den Winter nicht. Was soll da das Jammern? Der Gemeindearzt wußte auch keinen Rat. Er gab dem „Nerverl"-Vater Jahr für Jahr Antidepressiva. Aber es wurde und wurde nicht besser mit ihm. Bleierne Depressivität lastete über der Familie. Sie ging vom Vater aus. Die Sieger des Erbstreites waren offenbar sehr guter Dinge.

„Sie funktionieren eben!" hieß es im Ort. Wer funktioniert, der bringt es zu etwas und kann sich halten.

Als es mit dem depressiven Vater nicht und nicht besser werden wollte, tat man sich zusammen und transferierte ihn in ein psychiatrisches Krankenhaus. Dort dämmerte er noch jahrelang dahin – zu den größeren Feiertagen von den Angehörigen besucht, aber immer mehr ins Vergessen abrutschend. Seppi hatte zwar einen Vater, aber der war irgendwo in einem Krankensaal und interessierte sich für gar nichts mehr. Herzeigen konnte man einen derartigen Vater nicht. Das allgemeine Mitleid wendete sich der Mutter zu: „Daß die Frau so ein Pech haben muß!" Heiraten durfte sie als Noch-Verheiratete nicht, und ein „schlampertes Verhältnis" – nein! Dazu war sie sich zu gut.

Seppi war in der Schule und beim Ministrieren wohlgelitten, und so kam er in das bischöfliche Knabenseminar. „Willst du nicht Priester werden? Sicher willst du Priester werden!" Sicher wollte Seppi von zu Hause weg. Irgendwie suchte er nach einer Heimat. Aber auch im Knabenseminar war kein wirklicher Platz für ihn. Er wollte auch dort weg. Und weil man damit überhaupt nicht einverstanden war, begann er das beste aller Entlaßmittel anzuwenden: Er lernte einfach nichts mehr. „Wegen schlechten Schulerfolges entlassen!" stand im Begleitbrief zum Jahresabschlußzeugnis. Das wäre nun einmal geschafft gewesen, und somit war sein Status der eines Außenseiters. „Pfarrer will er nicht werden, sonst weiß er auch nicht, was er will, ganz wie der Vater wird er ...!" sagten die Nachbarn.

Seppi entdeckte noch zwei Cousins in der Familie, die taubstumm geboren waren und am Hof als Knechte für alles und jedes herhalten mußten. Und so zog es ihn fort aus der familiären Enge – hinaus in ein hoffentlich ganz anderes Leben. Maler wollte er werden, Kunstmaler natürlich, dann Photograph, dann Webemeister ... Schließlich hörte er etwas von Entwicklungshilfe und ergriff diese Möglichkeit der Ausbildung. Er faßte Tritt und schaffte die Ausbildung vorbildlich und engagiert.

Vielleicht hat ihm auch die Bekanntschaft mit seiner Maria, der wunderschönen „Prinzessin von der Bachmühle", geholfen. Sie war erst 16 Jahre alt, aber auf sie zu warten lohnte sich. Ihre Eltern waren skeptisch. „Lernen Sie erst einmal etwas Richtiges. Unsere Maria ist noch viel zu jung!" sagten sie. Dabei dachten sie an die taubstumm geborenen Cousins in Seppis Familie, an seinen Vater, der immer noch in der Psychiatrie vor sich hin dämmerte. Vielleicht sahen sie dann und wann ihre wunderschöne Maria an: Sie hatten ihr jedenfalls jemand weit Besseren gewünscht. Einen richtigen, ansehnlichen Mann, der aus der väterlichen Mühle etwas zu machen imstande wäre, für den man sich nicht zu schämen bräuchte bei der Hochzeit ..., und überhaupt: „Unsere Maria geben wir nicht so schnell her!" sagte die Mutter. „Sie ist mein einziges Kind, mein ein und alles!" sagte der Vater.

Maria aber liebte ihren Seppi über die Maßen, und umgekehrt. Tausend Schwierigkeiten meisterten die jungen Leute, und ganz wie im Märchen wuchs ihre Liebe immer mehr. Sie waren selbstvergessen glücklich. Sie waren hingerissen vom Leben und voneinander. So kamen sie einander nahe und näher, und plötzlich mußte Maria „Nein" sagen. „Seppi! Es ist nicht erlaubt, vor der Hochzeit intim zu werden!"

Es war wie ein Bruch zwischen ihnen gewesen. Hatten sie sich wirklich schon der Grenze zur Unsittlichkeit, ja zur Sünde genähert? So leicht ging das, und so gar nicht schlecht und böse wirkte es auf sie? Aber es war nicht mehr zu leugnen: Die persönliche Welt ihrer Liebe grenzte nur allzu deutlich an die Welt der Familie, der Pfarre und der Erwachsenen überhaupt.

In dieser Situation fiel der jungen Frau die Möglichkeit der Seelsorge ein. Sie kannte einige Pfarrer der Umgebung. Schließlich stammte sie aus einer sehr frommen Familie. Vielleicht konnte sie ihren Seppi dazu bringen, mit ihr zusammen einen Pfarrer aufzusuchen und ihn zu fragen: „Weil wir uns schon so lange kennen, weil wir keine Chance haben, vor meiner Großjährigkeit heiraten zu dürfen, weil meine Eltern immer wieder verzögern und verzögern ... dürfen wir nicht doch miteinander schlafen?" Sepp hörte alle Rezepturen der kirchlichen Sexualpädagogik, so gut sie eben ein durchschnittlicher Landseelsorger zu vertreten wußte. Er hatte viele von ihnen schon andeutungsweise im Knabenseminar vernommen.

Jetzt hörte er abermals, daß Beherrschung das wichtigste Fundament für eine spätere Ehe sei, daß eine Frau, die sich an ihren Bräutigam wegwirft, letztlich auf die Ebene einer Hure komme und nicht nur seine, sondern jegliche Achtung verlöre.

Sie wiederum hörte von der Gefahr einer zu frühen Schwangerschaft, von schauerlichen Geschlechtskrankheiten.

Und es folgten strenge Ermahnungen, die sündige Geburten-regelung ja nicht in Erwägung zu ziehen, schließlich habe ja der Papst selbst sie verboten usw., usw.

So wurde Maria im Lauf der Verlobungsjahre zu einer schwie-rigen jungen Frau: Hübsch zum Verlieben und aus allen Poren sozusagen um erotische Zuneigung bettelnd auf der einen Seite und wie eine fromme, exakt-moralische abwehrende Kirchen-jungfrau auf der anderen Seite. Sie war eine Mischung aus Hure und Maria Goretti und deshalb kaum auszuhalten. Seppi wußte nicht mehr, wie er es ihr recht machen konnte. Bemühte er sich allzusehr um sie, hieß es: „Halt! Du weißt ganz genau daß ...“! Oder: „Du solltest dich schämen! Daß du nicht und nicht warten kannst! Den Männern geht es doch nur um das eine ...“ Hielt er sich auf Distanz, kam ein Seufzer: „Du liebst mich anscheinend gar nicht mehr! Was soll aus uns werden?“ Das ging einige Jahre lang so und wurde von einigen Pfarrersbesuchen begleitet. War man zärtlich zueinander, so war man stets zu dritt: Seppi und Maria und die Pfarrer mit der steten Präsenz ihrer warnenden Einsprüche.

Unterdessen rückte doch der Hochzeitstermin heran. In einem Jahr sollte das Paar Maria und Josef in die Entwicklungs-hilfe nach Ecuador gehen. Eine vorherige Heirat wäre schon aus diesem Grunde günstig, hieß es. Aber so gut die Partnerschaft auch nach außen hin zu funktionieren schien, nach innen hin wuchsen Spannungen. Schließlich fand Seppi einen Kaplan, dem beide nochmals ihr Problem anvertrauten. Dieser sagte: „Aber ihr seid ja eigentlich schon jahrelang aneinander gebunden. Nach all den Schwierigkeiten und mit diesem sozialen Berufs-ziel: Macht euch doch das Leben nicht so schwer. Liebt einander und macht etwas aus eurer Beziehung!“

Das war ein jäher, sehr jäher Umschwung. Hatten Maria und Sepp bislang auf Abstand und Enthaltsamkeit trainiert, so sollte jetzt das Gegenteil erlaubt sein? Sie schliefen schließlich doch miteinander, „aber ehrlicherweise war ich enttäuscht“, sagte Seppi. Maria „hatte sich sowieso nichts mehr erwartet“, wie sie hinzusetzte. Irgend etwas war zwischen ihnen zerbrochen, irgend etwas war verlorengegangen.

Schließlich folgte nach siebenjähriger Verlobungszeit die langersehnte Hochzeit. Da geschah etwas Schreckliches und Unerwartetes. Marias Vater ging einige Wochen nach der Trauung seiner Tochter in den Wald und erhängte sich. Punkt.

Niemand hatte derartiges vorher vermutet.

Das junge Paar erfuhr davon in Ecuador mitten in einem Engagement für eine Dorfwasserleitung.

Maria bekam ein Kind, und dann erwartete sie noch eines. Die Ehe wurde immer schlechter. „Jetzt will ich nicht mehr!" sagte Sepp. „Sieben Jahre habe ich gewollt – nur dich gewollt. Jetzt ist alles kaputt. Sollen die Pfarrer dich heiraten und für die Kinder sorgen ...!" Auch Maria war zerstört. Das war also der Erfolg ihrer Glaubenstreue? Das war die Unterstützung, die ihr Glaube ihrem Leben zu geben vermochte?

Sie wollte eigentlich ihren Seppi nicht mehr recht zum Mann haben. Sieben Jahre lang hatte sie ihn als „sinnlich, unbeherrscht, zudringlich usw." eingestuft. Manchmal hatte sie schon gedacht, auf seiner Familie läge ein Fluch: Erst der depressive Vater, dann die taubstummen Cousins, dann der Seppi, der dem „Herrgott davonläuft und das Priesterseminar verläßt". Und jetzt sie: Hätte sie ihn nicht gleich von Anfang an fortschicken sollen? Darf man denn als junges schönes Mädchen dem Herrgott einen Mann wegnehmen? Durch ihre Schönheit und ihre Eitelkeit wegverführen? Natürlich war er damals schon längst nicht mehr im Seminar gewesen, aber da bleibt doch die Frage übrig: Vielleicht hätte sie ihn zurück ins Seminar schicken müssen und selber in ein Kloster gehen? Wäre das der Weg gewesen, den der Herrgott von ihr wollte?

Maria kannte sich nicht mehr aus und deckte sich mit Arbeit zu. Ihre beiden Kinder boten ihr reichlich Gelegenheit dazu. Sepp war ein guter Vater, aber nicht mehr.

Wo war der anfänglich glühende Liebhaber hingekommen? Und so kehrte Bitterkeit ein. Noch keine dreißig Jahre waren beide alt, da hatten sie sieben Jahre „rein bleiben und reif werden" hinter sich gebracht und anschließend sieben Jahre „Pflicht und bittere Enttäuschung".

Und es fiel ihr der im Wald erhängte Vater ein. Und die Mutter, die die Mühle verkaufen mußte, um in ein Pensionistenheim zu kommen und so einigermaßen zu überleben.

Und was wurde aus den Pfarrern, die das Paar beraten hatten? Josef dachte an seine erfolgreichen Rivalen im Geiste. „Sicher werden sie irgendwo Dienst machen. Am Ende predigen sie gerade jetzt: „Ich kannte da einmal ein junges Paar, das hat sich auch nicht an die Gebote halten wollen! Und was ist jetzt aus ihnen geworden? Glücklich sind sie auf jeden Fall nicht. Das dürfen wir schon sagen! Beten wir für alle, die vom rechten Weg abweichen ...!“ Sepp konnte den Kanzelton förmlich hören. Ungeheure Wut und ungeheure Abscheu erfaßte ihn. Er wäre am liebsten aus der Kirche ausgetreten. Aber da waren die Kinder, die beiden Großmütter und Maria, die das als Entehrung empfunden hätte ... Das wollte er wiederum auch nicht.

Was sagt die Therapie dazu?

Das Zerbrechen einer großen Liebe ist immer ein schwieriges (therapeutisches) Problem. Es wird meistens wie ein „Loch" empfunden, in das man zu fallen droht, wie eine Existenzform, der jeglicher Grund entzogen worden ist. Das Geschehen zwischen Maria und Josef gehört dazu. Es erinnert an das Volkslied von den „zwei Königskindern". Dort heißt es: „Sie konnten zusammen nicht kommen, das Wasser war viel zu tief."

Durfte Josef zu Maria? Die Frage der inneren Erlaubnis

Wenn wir diesem Einfall folgen – und es macht sehr oft einen guten Sinn, das zu tun –, müssen wir der Frage nach dem „tiefen Wasser" nachgehen. Das bedeutet, zuerst für Josef-„Seppi" die Frage zu stellen: Durfte er von der Gestalt seines Lebenslaufes her überhaupt zu Maria, der wunderschönen Müllerstochter? Da ist einmal die nicht so recht auf dem Tisch liegende Erbgeschichte zu beachten. Josef wußte nicht ganz genau, was eigentlich passiert war. Auf jeden Fall aber war sein Vater der Benachteiligte und tief getroffen. Ob das der Grund seiner Depressivität war, wissen wir nicht. Es kann natürlich viele Gründe für eine Depression geben.

Antidepressiva sollen helfen?

Aber es sich so leicht zu machen wie der praktische Arzt, der es einfach mit einer erfolgversprechenden Batterie an Antidepressiva versuchte, ist nicht sehr empfehlenswert. Erstens war sein Erfolg nicht überzeugend. Die medikamentösen Nebenwirkungen werden das ihre getan haben. Die soziale Signatur der Familie war die einer „mit dem psychiatrischen Vater". Das entehrt und trifft besonders die Kinder in der Schule. Beinhart bleibt auf der Strecke, wer irgendeinen Makel aufweist. Psychiatrische Krankheiten sind noch immer ein Makel. Josefs Vater war „kein Hit gewesen", wie „Seppi" einmal sagte.

Zweitens dämpft die Medikamentation, besonders wenn sie nicht von einem gut verordnenden Psychiater angewandt wird, beträchtlich. Das nimmt so manchem Selbstheilungsvorgang die Chance, weil es vom Grund der Depression ablenkt und das Interesse auf therapeutisch nebensächlichere Fragen lenkt. („Wie haben Sie geschlafen? Ist der Mund trocken? Was macht die innere Unruhe? Ist es schon besser heute?") Die Annahme, der Grund der Depression liege in einer organischen Störung, ist sozial entlastend. „Niemand ist schuld daran." Leider aber hat das auch zur Folge, daß niemand so recht weiß, was man abgesehen von der Medikamentation zur Heilung beitragen könnte.

Wir können also davon ausgehen, daß eine somatisch bedingte Krankheitsursache bei Josefs Vater schon allein wegen der Länge und Erfolglosigkeit der psychiatrischen Behandlung auszuschließen ist.

Enterbung und Entmündigung belasten die Familie

Bleibt also die Enterbungsgeschichte, die mit der Entmündigung des Vaters als Langzeitpatient einer psychiatrischen Klinik ihr folgerichtiges Ende findet. Und da sind noch die beiden taub-stumm geborenen Kinder seiner Schwester zu beachten. Das ist eine weitere Belastung der Familienehre und natürlich ein Leid, das man nicht gerne zur Sprache bringt und das man lieber ver-birgt, um nicht die gesunden Kinder der Mitmenschen ringsum sehen zu müssen. Dazu auch die Worte der glücklichen Eltern und Verwandten, die man sich anhören muß ...

Das Ende vom Lied: Ein Priestersohn für eine Priestermutter?

Aus dieser Unglücksfamilie kommt „der Seppi" – ein zärtlicher Name. Folgen wir der angedeuteten Dynamik, dann wäre er durch das Priesterseminar ein zarter, verständnisvoller Priester geworden und der einsamen Mutter später zum Trost geblieben. „Mamas Liebling" wäre sein Schicksal gewesen, wenn die Dinge so gelaufen wären, wie sie eingefädelt worden waren.

„ Maria, mein ein und alles!" sagt der Vater

Ganz ähnlich sieht die Situation für die wunderschöne Maria aus. Von der „Bachmühle" abzustammen ist schon etwas Roman-tisch-Seltsames. Mühlen an Waldbächen sterben aus. Industrielle Großmühlen nennen sich nicht mehr so altertümlich. Und die elterliche Hoffnung, die schöne Maria werde einen „ansehn-lichen Mann finden, der aus der Mühle etwas machen könnte", zeigt, daß die Eltern auch beruflich nicht mehr recht weiter wissen und auf ihre Tochter hoffen. Sie wird der „Trost ihres Alters" sein. Sie und ihr noch zu findender Ehemann werden zeigen, daß das Lebenswerk der Eltern nicht auf dem Aus-sterbeetat sitzt, sondern weiterführbar, ja in seiner wirklichen Bedeutung erst durch den Schwiegersohn herauszuarbeiten sein wird. „Mein ein und alles", sagt der Vater über seine Tochter. Das ist für Maria eine große Verpflichtung und eine große Last.

Die Verbindung „Prinzessin und Priester" hat ihren Reiz!

Bleibt die auffallende Schönheit der „Prinzessin von der Bachmühle" und die künstlerische Sensibilität Seppis zu erwähnen. Beide zieht es aus der vorgezeichneten Bahn weg. Seppi will kein Pfarrer werden, und Maria will zum Seppi und daher keine herkömmliche Müllerin in einem chancenlosen Betrieb werden. Ganz im Gegenteil: Beide finden sich im sozialen Engagement unter dem Stichwort „Entwicklungshilfe" eine neue Lebensaufgabe. Vorerst aber finden sie aneinander Gefallen.

Das Erlebnis der Liebe straft alle Moral Lügen!

Für Maria muß es ein ganz großes Erlebnis gewesen sein, von einem Burschen derart verehrt zu werden. Wie die meisten auffallend schönen Frauen war sie damit beschäftigt, ihre „Eitelkeit" in Zaum zu halten. Das ist eine uralte sichernde Tradition. „Haben Sie nicht gesehen, daß meine Beine viel zu kurz sind? Und der Haaransatz – ist er nicht sehr hoch und jetzt schon etwas schütter?" Kann es sein, daß jemand, der sie schön findet, eigentlich nicht recht weiß, wen er da verehrt? Kann es sein, daß ein Verehrer im Grunde genommen ein bißchen dumm und oberflächlich ist? Denn was ist schon körperliche Schönheit? Ein Blick auf den Friedhof zeigt, wo alles landet. Und dort sind so manche Jugendliche begraben, die man noch gekannt hat. Mit Seppi scheint es aber ganz anders zu sein. Die Evidenz des Glückes hat sie mit ihm zusammen erfaßt. Unversehens wird eine tiefe Bindung aus den scheuen Zärtlichkeiten, die so selbstverständlich und leicht von der Hand gehen, als ob es niemals die Warnungen des Religionsbüchleins oder die Predigten des Ortspfarrers gegeben hätte.

Seppi hingegen fühlte sich erstmals als der Mann namens Josef. Daß ein so schönes und wunderbares Geschöpf wie Maria ihm Gehör schenkte, sich von ihm an der Hand führen ließ, ja sogar den einen oder anderen scheuen Kuß erwiderte („Wer hat sie das nur gelehrt?!"), war ein Glücksgeschenk außerordentlicher Art. Nie hätte er gedacht, daß das möglich ist. Vorbei war es mit dem kleinen lieben „Seppi". Er war Josef, ein Mann, der dabei war, sich eine Frau zu finden. Er hatte schon eine gefunden. Sie würde ihn verstehen, und niemand würde sie beide jemals trennen können.

Das Knabenseminar wird überwunden

Wo waren da die Ermahnungen des Spirituals im Knabenseminar hingekommen? Abend für Abend betete man dort um „Bewahrung der Keuschheit", und bei der morgendlichen Messe konnte man ja deutlich sehen, wer wiederum in der Nacht den „Versuchungen des Fleisches" erlegen und unwürdig zum Kommunionsempfang geworden war. Es war wirklich ein harter Kampf, den die Seminaristen zu führen hatten. „Ein Kriegsdienst ist das Leben", zitierte der Spiritual einen Prophetentext. Tag und Nacht war das gesamte kleine Seminar in diesem besonderen Krieg. Man entkam ihm, indem man Sport betrieb oder einige Runden um den Häuserblock der Anstalt lief oder die Muttergottes besonders verehrte. Das half gewiß. Zumindest hörte man so. Und dann kommt es ja gar nicht so sehr auf die Tat an, sondern auf den Willen. Wer „schläft, der kann gar nicht sündigen!" Das war der eine Trost des Spirituals. „Wer im Halbschlaf ist, vor oder nach dem Traum, der kann zumindest nicht schwer sündigen", war der andere. Wer aber trotz Onanie, trotz unkeuscher Gedanken und Begierden, unanständiger Witze und Zeichnungen, unreiner Blicke und Berührungen dennoch zur Kommunion ging, beging einen „Gottesraub". Eine ganz schreckliche Sünde! ... Das alles war dem kleinen Seppi schon zuviel geworden. Manche Mitschüler hatten da ein dickeres Fell als er. Sie scherten sich nicht viel um den Herrn Spiritual und lebten ihr Leben in der Schule und auf dem Fußballplatz. Und damit basta. Aber Seppi konnte das nicht. Er mußte an die Cousins denken: War das nicht am Ende eine Strafe Gottes? Oder an seinen Vater: Warum versank er wohl in der Klinik in Depressionen?

Das alles beendete Seppi mit seinem Entschluß, nicht mehr zu lernen. Mit einem Schlag verlor das Seminar das Interesse an

ihm. Denn: „Ohne Fleiß kein Preis!" Und der angeblich gleich
heilige wie dumme Pfarrer von Ars war Seppi ja nun wirklich
nicht. Also: „Wer nicht will, der muß gehen!" Seppi tat nichts lieber als das. Und jetzt fand er nach einigen eher mißglückten Versuchen auf Kunstschulen die Idee, Entwicklungshelfer zu werden, und traf seine Maria.

„Mamas Liebling" traf das „ein und alles" eines Vaters. So, als
ob das Gute und das unverstörte Element von zwei Familien sich
zusammengefunden hätten, erfüllte sich eine Sehnsucht nach
Liebe, nach Verständnis, nach Zukunft und nach Schönheit. Und
die Gestalt dieser Zuneigung zeigte sich in ihrer Unkompliziert-
heit und erotischen Selbstverständlichkeit, die als heilig, rein und
unschuldig erlebt wurde.

Die Sexualpädagogik der Pfarrer

An dieser Stelle schlug das Realitätsprinzip zu. Alle Fragen, die
Erwachsene und die Gesellschaft jugendlichen Verliebten stellen
müssen, traten in Gestalt der beigezogenen Seelsorger in Erscheinung. Aber das wäre noch nicht das Schlimmste gewesen, wäre
nicht ein religiöses Argument dazugekommen: „Du sagst, du liebst
deine Maria?" fragte ein Pfarrer. „Ja, wenn du sie wirklich lieben
würdest, würdest du nicht mit ihr zärtlich sein wollen. Denn damit
verleitest du sie zur Sünde. Du gibst deinem Mädchen mit deiner
Liebe in Wirklichkeit den ewigen Tod der Sünde!"

Das waren starke Sätze an den jungen Mann Josef. Sie hatten
ewiges Gewicht sozusagen. In ihm entstand ein Riß. Immer,
wenn er zärtlich über Marias Wange strich, fragte er sich: „Wer
hat nun recht? Pfarrer XY als Exponent einer jahrhundertealten
Sexualmoral oder ich und meine Erfahrung der guten und
unschuldig-heiligen Liebe?" Dieser Zwiespalt fraß sich langsam
in Josefs Seele. Er bewirkte eine gründliche Spaltung und verlei-
tete ihn, bald nach der einen und bald nach der anderen Seite
zu ziehen. Maria verlor die so notwendige Sicherheit und Geborgenheit für eine junge, noch ungeübte und unerfahrene Liebe.
Natürlich gab es da Liebesfilme, TV-Serien und Zeitschriften son-

der Zahl. Aber für Maria hatte das alles nichts mit ihr und Josef zu tun. Sie war nicht naiv, aber doch voll auf sich und ihren Josef konzentriert gewesen und dadurch auch behütet worden. Es war eine Aura der Unangreifbarkeit über beiden gelegen. Nun war sie aufgestört, wenn nicht gar schon am Zerstörtwerden.

Die Gespräche mit den Pfarrern machten beide mit Fragestellungen vertraut, die sie vorher so nie erwogen hatten: Etwa die nach der „Strafe Gottes als Folge einer Unkeuschheit" oder diejenige, ob nicht die Genitalien „im Grunde eklig seien – verquickt mit den Ausscheidungsorganen", und daß deswegen nur „ein Sakrament wie die kirchliche Ehe vor den Verunreinigungen durch Sex" bewahren konnte. Es waren einfach zwei verschiedene Welten, die zur Sprache kamen: Hier die eigene Erfahrung – dort die Welt der klerikalen Sexualpädagogik alten Stils. Wie sollte das jemals wieder zusammengehen?

Die Destruktion beginnt zu wirken

Diese offene Frage versuchte der letzte der befragten Priester in ihrem siebenten Verlobungsjahr positiv zu beantworten. Aber es war schon zu spät. Alles, was nach der Periode der Pfarrerbefragungen daherkam, war bereits rettungslos auf dem destruktiven Weg.

Groll sammelte sich bei Josef an. Groll auf seine Freundin Maria, die immer mit Berufung auf die Kirche „Nein!" sagte. Und Groll von Maria auf Josef, der sich diesem „Nein" auch wirklich fügte. „Was ist denn das für ein Mann, der mich nicht zur Frau zu machen wagt? Der gegen die Pfarrer nichts zu sagen weiß?" sagte ihr Inneres. So sehr sie auch darüber erschrak – sie begann, ihren Josef dafür zu verachten. Manchmal dachte sie an berühmt-berüchtigte Liebhaber. „Ich bin so stürmisch wie der Samum in der Wüste", hatten ihre Lehrer auf einer Landschulwoche lauthals gebrüllt, als der Hüttenabend schon fortgeschritten war. Das hatte ihr – Kirche hin oder her – imponiert. „Jawohl! So wäre das Leben zu leben gewesen. So sollte es sein!"

Die so zu skizzierende Spaltung zwischen unmittelbarer, eige-

ner erotisch-liebender Erfahrung und kirchlicher Sexualpädagogik bewirkte die allmähliche Zerstörung einer großen menschlichen Liebe. Sie konnte ihr destruktives Werk um so leichter
vollbringen, als es für Josef-Seppi nicht leicht war, angesichts des
unglücklich-verdämmernden Vaters und der zurückbleibenden
Mutter sein eigenes glücklicheres Leben zu ergreifen. Es wäre
möglich, daß Josef seinem Vater ins Unglück nachzufolgen bereit
war. Es wäre auch möglich, daß er an Vaters Stelle bereit war, der
Mutter wenigstens Enkel zu zeugen, wenn schon der Vater keine
Kinder mehr zuwege brachte.

Es war aber ebensowenig für Maria leicht, an Josefs Seite einfach glücklich zu sein. Was sollten ihre alten Eltern tun? Was
würde mit der Mühle geschehen? Und daß sich der Vater einige
Wochen nach der Hochzeit einfach erhängte, war dies kein letz-
tes Wort über eine Ehe, die er niemals wollte, die aber dennoch
zustande kam?

Für eine Diagnose wird also zu beachten sein, daß vermutlich
unter der vordergründigen sexualpädagogischen Problematik
auch eine der beiden Herkunftsfamilien liegt. Darüber kann nur
die therapeutische Arbeit Klarheit bringen.

Welche therapeutischen Möglichkeiten gäbe es?

Probleme lösen sich vom springenden Punkt einer Problemgestalt (oder auch Problemgeschichte) her. Wir gehen davon aus,
daß Maria und Josef als Paar genommen innerhalb der sieben-
jährigen Verlobungszeit auseinandergekommen waren. Das bedeutet, daß von da an alle späteren Entwicklungen irritiert sind:
Denn das Immer-wieder-Versuchen einer guten Lösung kann nicht
gelingen, wenn die Beziehung eigentlich „verspielt" worden ist.

Der „springende Punkt" und das „Verspielen" von Beziehungen

Der Ausdruck „verspielen" stammt aus der Sprache des Kartenspie-
les mit erheblichem Einsatz und ist eine sehr brauchbare Meta-

pher für die Tatsache, daß eine Chance bestanden hatte, die aber nicht genützt wurde und somit nicht mehr existiert. Erfahrungsgemäß können menschliche Beziehungen verspielt werden, so z. B. wenn der richtige Zeitpunkt zu einem persönlichen Kontakt verpaßt wurde; oder auch wenn jemand das in ihn gesetzte Vertrauen grob mißbraucht hat. Oft ist es eine blitzschnelle Entscheidung, eine scheinbare Kleinigkeit, die eine derartige Wirkung nach sich zieht. Der Vorgang läßt sich auf der gleichen Ebene nicht mehr gutmachen. „Es ist verspielt und vertan."

Das Wunder einer Liebe

Das Phänomen der Liebe zwischen Josef und Maria ist alles andere als selbstverständlich. Unsere gegenwärtige Art, mit menschlichen Beziehungen umzugehen, neigt dazu, derartiges wegzuerklären. Wir tun so, als ob wir mit der Einordnung und kausalen Begründung des Begriffs „Liebe" schon wüßten, womit wir es zu tun haben. Dem ist aber nicht so. Besonders gefährdet sind leider religiös-spirituelle Beurteilungen mitmenschlicher Beziehungen. Die kontaktierten Pfarrer waren bis auf eine Ausnahme mehr damit beschäftigt, Maria und Josef in den Rahmen des kirchlich Üblichen zu pressen. Sie waren weniger damit beschäftigt, Zeit und Raum für die Wahrnehmung des speziellen Geschehens zwischen Maria und Josef zu schaffen. Deshalb fallen ihre Ratschläge schematisch aus und verfehlen alle mitsammen den springenden Punkt des Geschehens. Dieser ist: Wie können Maria und Josef das Geschenk ihrer Liebe erhalten und weiterentwickeln?

In diesem Zusammenhang ist es wichtig, das „Jetzt" als Notwendigkeit des Vollzuges der Liebe nicht zu übersehen. Traditionell-moralisch genommen ist das lediglich eine Frage der Erlaubtheit. Von der Prozeßgestalt der Liebe zwischen Josef und Maria her gibt es ein Zeitfenster, in dem der Vollzug geschehen muß. Geschieht er nicht, dann kann er nicht einfach verschoben werden. Es ist dann die gesamte Folgegestalt durch diesen Ausfall beeinflußt.

Die Pfarrer (mit Ausnahme des Kaplans) haben Gründe genannt und die Regeln eingeschärft, aber sie haben nicht auf das Gesamtgeschehen geachtet. Sie glichen einem Dirigenten, der zwar genau sagen kann, wie man Posaune spielen sollte oder auch Geige, dabei aber völlig übersieht, wo der Fluß des Musikstückes gerade angelangt ist und wer jetzt sein Instrument einsetzen muß, um dem Gesamtstück zu dienen.

Über Schuldigkeiten

Die Therapie müßte Maria und Josef an diese Perspektive heranführen, um die Frage stellen zu können: „Wer ist wem etwas schuldig geblieben?" Mit der Antwort wird auch klar, wofür Maria und wofür Josef verantwortlich waren. In dieser Weise könnte es auch möglich sein, den vermuteten Hintergrund von „Mamas Liebling" (Josef) und „Papas ein und alles" (Maria) spürbar zu machen. Wollte Maria nur ein wenig sich freischwärmen, oder wollte sie wirklich Josef als Mann? Wollte Josef eine eigene Partnerschaft und Familie begründen oder doch nur auf subtile Weise ausgleichen, was sein Vater der Mutter (an Kindern) schuldig geblieben war? Der Weg zur jeweils eigenen Erotik Josefs und Marias müßte dadurch zugänglich werden. Trotz aller Mißdeutungen des Knabenseminars und aller strengen Einbindungen der Eltern von Maria in das kirchliche Denken über Erotik und Sexualität könnte der Blick auf den Unterschied zur eigenen Auffassung klar werden: „So dachten meine Eltern, so dachten meine Erzieher, und wie denke nun eigentlich ich über Erotik?"

Das Recht der Triebdynamik

Das Schwierige wird vermutlich sein, unter der Schicht kultivierter Sexualität das wilde Toben der Triebdynamik wahrzunehmen. So ist Marias verdrängter Wunsch nach einem Mann, der sie über alle Pfarrer hinweg „einfach nimmt und zur Frau macht", ein Wunsch, der ihr Erschrecken bewirkt. So hat sie sich selbst

noch nicht gesehen! Diese bislang nicht akzeptierten und integrierten Impulse treiben ihr frei flottierendes Unwesen in Marias
sensibler Welt. Sie wirken bedrohlich und sind es auch, denn sie
können sich jederzeit mit geeigneten Lebensumständen verbün-
den und zu triebhaft angefeuerten Durchbrüchen führen. Die
Nichterfüllung derartiger (verschwiegener, verdrängter) Wünsche durch Josef bewirkt seine beginnende Verachtung durch
Maria. Eine ungute Entwicklung, wenn man die Überlänge der
Verlobungszeit im Auge behält (sieben Jahre!) und die Abwer-
tung männlichen Begehrens durch die Pfarrer einrechnet.

Die Strafe für Sexualität lauert überall?

Josef geht schwungvoll und glücklich auf Maria zu, wird aber
plötzlich gestoppt. Es ist, als ob seine eigene Vergangenheit ihn
eingeholt hätte. Hat der Spiritual im Knabenseminar nicht doch
recht gehabt? War es wirklich richtig gewesen, aus dem Seminar
davonzugehen? Kann man denn der Strafe Gottes für Unzucht-
sünden entgehen? Zeigten nicht die taubstummen Cousins und
die väterliche Depression deutlich, daß man Gott nicht „papierln"
kann? Natürlich gibt es unbezweifelbar Gutes – so wenn man in
die Entwicklungshilfe geht und für seine beiden Kinder sorgt.
Aber – da ist ein großer See voll Groll im Herzen Josefs. Zuerst
richtet er sich gegen „die Pfarrer". Aber dahinter lauert der Groll
gegen Gott überhaupt. Er verpatzt einem das Leben. „Das
Berühren der Figuren mit den Pfoten ist verboten!" hat einmal
ein Mitschüler Josefs auf das Foto eines hübschen Mädchens
geschrieben.

Verboten ist schließlich doch alles, was schön ist im Leben.
Geboten ist dafür alles, was Mühe macht und kaum zu erreichen
ist: Vollkommenheit „wie der Vater im Himmel", sagt Jesus nach
Meinung des Spirituals, sei das letzte Ziel. „Wie bitte soll das
gehen?" dachte Josef. Aber er dachte es leise, denn was er alles
in Ecuador sah, war noch viel eindrucksvoller und unmittelbarer:
Armut, Gewalt, Krankheit. Er war sich mit Maria einig, was die
Kinder betraf. Er spürte aber ihre abweisende Verspanntheit,

wenn er bei ihr lag, und sah in ihren Augen die Enttäuschung über ihn, ihren Mann, und über alles, wie es so gekommen war ...

Der Strafe folgt Trotz und Verweigerung

So kam es, daß er einfach nicht mehr wollte. Er hatte es satt und verweigerte sich kurzerhand seiner Ehe, zunehmend auch seinem sozialen Engagement, zuletzt auch „Gott" und allem, was mit diesem Wort zusammenhing. So kam in der Therapie die Schicht der Verweigerung zum Vorschein. Es war jene Schicht, die schon einmal mit dem wirkungsvollen Entschluß, nichts mehr zu lernen, zur erwünschten Entlassung aus dem Seminar geführt hatte.

Das therapeutische Problem dabei sollte sich erst zeigen: Verweigerung kann eine Vorstufe der Depression sein. Wer sich dem Leben verweigert, ohne eine Alternative zu haben, muß sich selbst zum Ziel seiner Erotik und Aggressivität machen. Diese Selbsteinringelung wird zur Niedergedrücktheit. „Wie der Vater, so der Sohn!" könnte man vermuten und ist dabei bei der Frage nach Josefs Familienauftrag angelangt. War es das, worauf es destruktiv hinauslief: Ist der Vater gescheitert, so auch der Sohn Josef? War der Vater depressiv, so auch sein lieber Seppi? Saß er am Ende doch lieber mit dem Papi zusammen in der Psychiatrie, um die Mammi als „ihr Liebling" und besserer Mann feiertags zu erwarten?

Startbedingungen für einen zweiten Versuch

An dieser Stelle wird sich entscheiden, ob dem Paar ein zweiter Start seiner Beziehung möglich sein wird oder nicht. Die beiden Kinder sind ein starkes Argument für einen erneuten Versuch. Vorher aber muß das Scheitern des ersten Versuches eingestanden werden. Auch ist die Frage nach den Verantwortlichkeiten zu stellen. Dabei kommen „die Pfarrer" mit einer Ausnahme nicht gut weg. Sie vertraten die offizielle Linie, und diese war schlecht für Maria und Josef. Sie zerstörte eine Liebesbeziehung, weil sie vor dem Phänomen einer solchen Liebe wenig Achtung aufbringen konnte. Sie verbaute damit auch den spirituellen Bereich aus dieser Ecke heraus und blockte dort ab, wo es Hilfe und Freiheit hätte geben können. Denn eine „Religion der Liebe", die im entscheidenden Moment die Liebe irritiert, statt ihr zu dienen, ist ein tragischer Versager.

Der Kaplan als Ausnahmeerscheinung in diesem Kontext weist einen anderen Weg, christliche Spiritualität zu verstehen. Er hat versucht, Josef und Marias Liebe zu dienen. Aber er kam bereits zu spät. Oder auch: Josef und Maria „wollten einfach nicht mehr".

Was sagt der Glaube dazu?

Das Erschütternde an Marias und Josefs Bericht ist die zum Teil sehr glatte, ja schöne Oberfläche (Bach-Mühle) und die Entlarvung dieser Oberfläche. So viele Pfarrer sind tätig, und dennoch sieht es so aus, als hätte das „Weizenkorn" evangeliengemäß keine Chance zum Wachsen und Fruchtbringen (Mt 13, 8).

Erotische Liebe ist etwas Heiliges!

Dabei tritt am springenden Punkt des Berichtes – der Beziehungsgeschichte zwischen Maria und Seppi-Josef – besonders deutlich das Ereignis einer wirklichen Liebe hervor. Es hat alle Eigenschaften eines Geschenkes: Es war unvorhersehbar, brachte Klarheit und Helligkeit in das Leben von Josef, brachte Glück und Hingabe in das Leben von Maria und dazu noch einen sozialen Lebensplan, der die herkömmliche Milieuenge sprengte. Theologisch wäre so ein Ereignis von sich aus etwas Heiliges.

Daß jedoch das erotische Geschehen in Europa und seit alters her auch in Kleinasien im Verdacht steht, von sich aus eher negativ zu sein, ist bekannt, aber deswegen nicht leichter begreifbar. Entsprechend der jesuanischen Offenbarung muß man jedoch immer „entlang der Liebe gehen", wenn man überhaupt irgend etwas Substantielles über die Lebensgestalten von Menschen begreifen will. Wir dürfen uns also nicht vordergründig ablenken lassen. Weder durch den Status einer Ehebrecherin (Jo 4, 7) noch durch den eines antiken Callgirls (? vermutlich Maria von Bethanien Jo 12, 3) oder den von Frauen (z. B. Lk 8, 2).

Mit liebevollen Augen sehen ...

In dieser Sichtweise enthüllt sich uns das materielle Ereignis des Kosmos als göttliche Hervorbringung (Schöpfung!). Selbstverständlich sind dann Mann und Frau im Gegensatz zu alten Weltbildern gleichwertig und gleichberechtigt, ebenso selbstverständlich sind dann Kinder gleichwertige und gleichberechtigte Menschen. Die Erotik als Liebe ist daher etwas Göttlich-Heiliges, weil sie abbildlich der göttlichen Erotik ist, die „alles geschaffen hat" (Gen 2, 2).

Von gängigen Weltbildern zur christlichen Weltanschauung

Es kommt also zu allererst darauf an, völlig anders zu denken, anders zu sehen, anders zu fühlen und körperlich für die Folgen dieser Weltbildkorrektur bereit zu sein. Jedes Weltbild hat auch eine Leiblichkeit, die dieses Weltbild unterstützt. Körperlichkeit und Körpergefühle sind etwas sozial Erlerntes. Deshalb ist der Wechsel eines Weltbildes keine Kleinigkeit.

Die kirchlich-jesuanische Heilung beginnt bei der Heilung einer Gesamtanschauung der Welt. Wenn der Mensch immer auf „das Ganze" bezogen ist, so ist er das auch vermittels eines bestimmten Weltbildes, das ihn zum Ganzen der Welt hin vermittelt. Gerade am Beispiel Josefs und Marias zeigt sich deutlich, durch wie viele Ritzen und verborgene Kanäle die Wahrheit (wie Johannes sagen würde) einfließen muß, wieviel Widerstände, ja Abwehrschlachten es dagegen gibt und wie letztendlich doch nichts anderes mehr heilsam sein kann als die Annahme der Wahrheit über Mann und Frau und Kinder und den Kosmos.

Manchmal entsteht der Eindruck, der Mensch könnte eigentlich denken, fühlen und handeln, wie er will. Die therapeutische Erfahrung spricht dagegen. Natürlich weicht jeder von uns mehr oder weniger von dem ab, was der Fall ist. Oder anders gesagt: Von sich selbst und der Wahrheit, die in jedem von uns auf ihren Ausdruck wartet. Aber der Grad der Abweichung kann nicht beliebig sein. Wird er allzu stark, beginnt der Mensch psychisch oder auch somatisch krank zu werden. Auch Maria und Josef sind Wahrheitswesen und können nicht einfach den familiären Handlungsmustern oder den Ratschlägen der Pfarrer folgen, ohne sich in Gefahr zu bringen.

Das Verführerische an ihrer Situation ist die Tatsache, daß „die Pfarrer" ja kluge und plausible Sätze sagen, auch Blickpunkte ins Treffen führen mögen, die an sich vernünftig und möglicherweise auch hilfreich sein könnten, wenn nicht der Wurm im Ganzen drinsäße.

Die innerliche Heiligkeit der Erotik ist ihre Attraktivität

Es fehlt „den Pfarrern" die Grundzustimmung zur Tatsache, daß es den Kosmos gibt, daß Gott ihn hervorgebracht hat („Schöpfung"), daß die Erotik zu allererst eine göttliche ist und immer etwas Heiliges an sich hat, selbst noch an Orten ihrer Vermarktung und Ausbeutung (z. B. Bordellen). Das macht ja auch ihre Attraktion aus.

Diese Grundeinsicht führt auch eine basale Ehrfurcht vor allem, was es gibt, mit sich. Die Riten und Texte der Offenbarung jesuanischer Art führen zu dieser Ehrfurcht hin und setzen sie zu ihrem Verständnis voraus. Ob Josefs und Marias Liebe eine „ewige" ist oder nur ein vorübergehendes Phänomen, kann niemand wissen. Sie wird auf jeden Fall „ewig und unantastbar" erlebt werden. Wir sehen aber gerade am Beispiel Josefs und Marias die Möglichkeit, sie zu verspielen und zu zerstören.

Kirchliche Sexualpädagogik ist zölibatsirritiert

Die „Kirchengesundheit" oder „Glaubensgesundheit" in erotischer Hinsicht kann nicht durch die zölibatsirritierte Kirchen-
pädagogik gefunden werden, auch nicht durch die traditionellen
pädagogischen Texte einer europäisch-geistesgeschichtlich irritierten Bemühung, auch nicht durch eine Ethik, die fremdbe-
stimmt durch Macht und Herrschaftsinteressen ist.

Gerade „Pfarrer" zeigen deutlich, daß sie mehr vom Rahmen
ihrer eigenen institutionellen Voraussetzung und Ausbildung
bestimmt sind als von Ehrfurcht vor dem Phänomen. Deshalb
kann „Kirchengesundheit" nur dann sich auswirken, wenn es
nicht um eine formale Gefolgschaft dem Klerus gegenüber geht,
sondern um eine Aufdeckung der innersten, jesuanischen
Schicht in uns allen.

Über die eigentümliche Kraft der Evangelien

Jesus und Maria mit dem Salböl (diejenige von Bethanien) ist so
ein Beispiel. „Die Pfarrer" hätten viel Negatives über beide zu
sagen gewußt. Und sie hätten es so gelernt gehabt.

Aber die offenbarende und heilsame Kraft der Evangelien-
worte dringt in die klerikal-verseuchten Gänge und Kellerräume
unseres eigenen Unbewußten ein, um ganz gründlich zur ur-
spünglichen Reinheit und Heiligkeit der Erotik durchzustoßen,
die in uns allen schlummert.

3. Beispiel:
*„Dann nimmt er mich! ‚Nein! Nein!' ruft er im selben Augen-
blick." Brunhilde zwischen Sex und Religion – Über die
zölibatsverfangene Rolle einer ambivalenten Dramateuse*

Eine große stattliche Frau studiert Theologie. Sie ist unverheira-
tet und hat auch kein Kind. „Obwohl ich immer Kinder wollte!"
sagt sie mit tiefer, klingender Stimme. Das kleine Lokal hört mit.
„Die will a paar Kinder – was ist, Karl?" stachelt am Nebentisch

ein Mann seinen Nachbarn auf. Ein erboster Blick aus Brunhildes Augen und die Zügelung ihrer Stimmstärke sind die Folge. „Sie müssen wissen, ich liebe einen Priester! Schon zwölf Jahre liebe ich ihn! Gott, ist das eine Liebe!" Sie macht eine bedeutungsvolle Pause und beugt sich vor. „Wissen Sie, er ist mit Leib und Seele Seelsorger. Niemals könnte er sein Amt aufgeben! Niemals! Und ich will das auch gar nicht. Nein! So etwas würde ich niemals von ihm verlangen. Das dürfen Sie mir glauben!"

Die Wirkung ihrer Worte steigert sich durch den leisen, konspirativen Tonfall. Es ist, als würde man in ein großes Geheimnis miteinbezogen. Wahrscheinlich stimmt das auch.

„Niemand darf das wissen! Niemand! Hören Sie!"

Auf die Frage, was denn passieren würde, wenn doch jemand von dieser Beziehung Kenntnis erhielte, sagte sie: „Für mich wäre das wunderbar. In die ganze Welt würde ich es am liebsten hinausschreien: ‚Er liebt mich! Euer Monsignore liebt nur mich!' Aber das könnte ich ihm nicht antun. Das ginge wirklich nicht!"

Der Monsignore ist offenbar ein ganz berühmter Mann. Oder ein Phantasiegebilde? Könnte es sein, daß Brunhilde einer Imagination anhängt? Und für die Realität dieser imaginierten Szene um Zustimmung bittet?

Nein! Es muß diesen Monsignore doch real geben: Brunhilde schildert Umstände, Vorfälle, nennt Freunde und Bekannte von ihm.

„Unsere Liebe ist stark wie der Tod, glauben Sie mir!" setzt sie fort. „Zwölf Jahre kennen wir einander, und seit zwölf Jahren versuchen wir voneinander loszukommen. Gott, was hab' ich schon alles versucht. Sie würden es nicht glauben ... Aber dann kommt er wieder, reißt mich an sich und nimmt mich ganz einfach, obwohl er ‚Nein! Nein!' schreit! Was kann man da schon machen?"

„Man kann ganz einfach nein sagen", wirft eine Kollegin ein. „Ganz einfach das Wort Nein!"

Brunhilde staunt. „Wirklich? Daran habe ich noch gar nicht gedacht! Natürlich! Dieses Männerschwein soll gefälligst seine Finger von meinem Frauenkörper lassen! Dachte ich mir auch schon öfter. Dann kommt er und will endgültig von mir Abschied nehmen. Kaum ist die Wohnungstüre zu, reißt er mich schon an sich und nimmt mich ganz einfach. Dann fängt alles ganz von vorne an. Ich sage Ihnen, was ich da mitmache ist unbeschreiblich. Der Prophet hat recht: ‚Stark wie der Tod ist die Liebe.' Ich habe übrigens hauptsächlich seinetwegen Theologie studiert – um endlich einmal herauszufinden, was sich da abspielt und wie das mit dem Glauben und der Liebe ist."

Brunhilde steht am Ende der Lebensjahre, in denen sinnvollerweise noch eine Schwangerschaft möglich ist. Ihre besten Frauenjahre zum Aufbau einer Beziehung und einer Familie hat sie mit ihrer Liebe zum Monsignore verbraucht. Was soll jetzt werden? Ja, was soll jetzt aus Brunhilde werden?

Der Monsignore stammt aus einem fremden Land und sagt klerikal resigniert: „Was soll's? Bei uns sagen die älteren zu den jüngeren Kaplänen schon auf dem zweiten Posten: ‚Mit dem Kollar kriegst du die Frauen, und mit dem Kollar wirst du sie wieder los!'"

Ist er wirklich derart zynisch? So sieht er jedenfalls nicht aus. Und auf die Szenen mit Brunhilde angesprochen, erzählt er von seiner Verzweiflung. „Ich bin wie ein Hamster im Radl gefangen. Ich weiß, daß ich aufhören sollte mit Brunhilde. Ich weiß auch, daß eine Entscheidung fällig ist. Aber ich rotiere sozusagen auf der Stelle." Auch seine Jahre verstreichen. Er ist zwar Monsignore geworden. Aber was nützt die äußere Karriere, wenn die innere nicht Schritt halten kann? Weder ist er ein Monsignore mit Leib und Seele noch ein Mann, der aus einer rasanten erotischen Zuneigung eine Familie zu machen imstande wäre. Brunhilde geht letztlich leer aus: Wenn sie ihn nicht hereinlegt, wird sie ohne Kind bleiben. Wenn er klug bleibt und sich jeweils vorsieht (was nicht ganz leicht ist), wird er nicht Vater werden.

Aber was ist er dann? Ein wenig von allem und nichts von beidem? Und was wird aus Brunhilde? Eine Frau, die trotz aller dramatischen Appelle sich ausgebeutet und benützt fühlen wird? „Eine wirklich schwierige Frau!" wird man dann sagen. Vermutlich wird man auch recht haben, wenn man auf ihr augenblickliches Erscheinungsbild achtet. Wenn man aber auf ihre zwölfjährige Geschichte mit dem Monsignore sieht, entsteht ein ganz anderes Bild.

Schwierige Menschen haben immer eine Geschichte, die zu kennen ihr Begreifen erleichtert. Hinter jedem schwierigen Menschen steht meistens ein mitverursachender zweiter Schwieriger, der klug in Deckung bleibt. So auch hier. Viel Verständnis bekommt der Monsignore für seine belastende „priesterliche Existenz angesichts des herrschenden Zeitgeistes".

Viel weniger Verständnis gibt es für Brunhilde. Ihre offen zur Schau gestellte Dramatik stößt viele Mitmenschen ab.

Was sagt die Therapie dazu?

Im Vordergund stehen zwei gegenläufige Gefühlsstränge, die das Paar Brunhilde/Monsignore stark aneinander binden und gleichzeitig ebenso stark voneinander abstoßen. Diese Gegenläufigkeit wurde 1913 von Bleuler mit dem Wort „Ambivalenz" bezeichnet. Seither geistert dieses Wort durch den Psychosprachschatz, besonders durch jenen Teil, der von der Psychoanalyse geprägt ist. Und viele kirchliche Berater scheinen dieses Wort ebenso zu schätzen.

„Ambivalenz" – ein beliebter Ausdruck für Nicht-Entscheidung

Gemischte Gegenläufigkeit von Gefühlsbeziehungen erzeugen ein Gleichgewicht, das an das alte philosophische Beispiel des Esels erinnert: Dieser verhungert, so heißt es, zwischen zwei gleichgroßen Heuhaufen stehend, weil er sich nicht entscheiden kann, von welchem er fressen soll. Tatsächlich ist noch kein einziger Esel dieser Welt zwischen zwei Heuhaufen verhungert. Vielleicht gibt es gar keine zwei gleich großen Heuhaufen, vielleicht ist auch kein Esel auf der Welt derart lebensdumm? Und das sollte zu denken geben.

„Ambivalenz" bedeutet immer, sich im Augenblick nicht entschieden zu haben, obwohl die Situation nach einer Entscheidung ruft.

Ambivalenz kennzeichnet immer eine Durchgangssituation, meistens eine Blockade. Sie als unabänderliche „Normalsituation" aufzufassen und hinzunehmen, ist eine schwerwiegend-negative Entscheidung. Ambivalenz bewirkt nämlich die Verweigerung der Weiterentwicklung, die von einer Situation her geboten wäre. Das „Gebot der Stunde" sozusagen. Da es wegen der grundsätzlichen Zeitlichkeit des Lebens darin keinen Dauerparkplatz geben kann, ist der Versuch, einen solchen mittels „Ambivalenz" zu konstituieren, bedenklich.

Deshalb gehört jede Form von Ambivalenz, wo und wann immer sie auftritt, in eine Entscheidung übergeleitet und so gelöst.

Welche therapeutischen Möglichkeiten gäbe es?

„Ich bin eben ambivalent", sagt Brunhilde auf die Frage, warum sie wirklich zu den heftigen Annäherungen des Monsignore nicht einfach „Nein" gesagt habe.

„Ich bin eben ambivalent", könnte auch der Monsignore selber sagen, würde er darüber befragt, warum er eigentlich in zwölf Jahren nicht einmal wirklich „Ja" oder wirklich „Nein" zu Brunhilde gesagt hat.

Es steckt also ein „Ja" und ein „Nein" in der Beziehung Monsignore-Brunhilde. Und beide sind in ihrer Weise und Motivation von Ambivalenz betroffen. Dort blieben sie als Menschen wie auch in ihrer Beziehung stecken.

Verwandle den Kampf gegeneinander in einen Wettstreit miteinander

Die Schwierigkeit ist die Kampfsituation, in der diese beiden Strebungen sich gegeneinander richten. Das kostet Energie, die in der Entgegensetzung verbraucht wird und die für eine Vorwärtsbewegung nicht zur Verfügung steht. Deshalb könnte therapeutisch zu allererst an einer Identifizierung dieser beiden Strebungen zu arbeiten sein. Brunhilde will voller erotischer Wucht und fraulicher Kraft mit dem Monsignore ein Paar werden. Samt Kind. „Denn das gehört für mich auf jeden Fall dazu."

Vom Phänomen der gegenseitigen sexuellen Hingabe her gesehen gehört der Kinderwunsch sicher dazu.

Da ist aber die zweite Seite: Dieser Monsignore ist erotisch unfrei. Er hat die lebenslängliche Ehelosigkeit der Kirche zugesagt und müßte diese zurücknehmen, um wirklich für Brunhilde frei zu sein. „Er soll mit mir nicht spielen!" Oder, wie Brunhilde es oben formuliert hat: „Seine Finger von meinem Frauenkörper wegnehmen!" Abstand! Bitte, Abstand halten! Ein Ende des zwölfjährigen Hin und Her ist dringend angesagt. Enttäuschung, Wut, Rache, Aggressivität ... die gesamte Palette von Gefühlsausdrücken, die zugleich auch eine Grenzziehung bewirken, stärkt die zweite Seite in Brunhilde.

Seite eins ist Brunhildes Strebung, und Seite zwei ist ebenso Brunhildes Strebung. Wenn es gelänge, beide Strebungen als je eigene gleichgerichtet (und einigermaßen friedlich) gelten zu lassen, wäre viel geschafft. Natürlich steckt ein Stück therapeutischer Arbeit dahinter, sich zuzugeben, daß man mit erotisch-sexueller Wucht den Monsignore begehrt, obwohl man ihn gleicherweise ablehnt und dafür persönlich verantwortlich ist. Leichter ist es allemal, sich als rein passiv darzustellen: „Da nimmt er mich einfach ..."! So als ob man selbst ein Möbelstück wäre, das benützt wird.

Man soll sich auch kein fixes Selbstbild machen!

Diese umfassendere, realistischere Selbstakzeptanz (an Brunhildes Beispiel verdeutlicht) ändert, ja gefährdet das bisherige Selbstbild. Von einem hilflos mißbrauchten Opfer verwandelt man sich in jemanden, der einen Mann wie den Monsignore hassen, ja racherfüllt schädigen will, also gefährlich werden kann. Zugleich muß man aber zugeben, daß es daneben auch Seiten der rasenden Begierde, der Zuneigung und der Sehnsucht gibt, die trotz allem nichts auf der Welt so sehr erstrebt als die Nähe und erotische Vereinigung mit dem Monsignore.

Alles hat seinen Preis!

„Was willst du nun wirklich tun?" ist die entscheidende Frage. Was soll daraus werden? „Weiter zuwarten" bedeutet, weitere zwölf Jahre aufs Spiel zu setzen. Wenn du das wirklich willst, dann mußt du auch bereit sein, den Preis dafür zu bezahlen und darfst dich dann später – mit fünfzig oder fünfundfünfzig Jahren etwa – nicht aufregen. Aber es ist im Sinne der Verantwortlichkeit und Eindeutigkeit besser, eine Entscheidung zu treffen und den Preis dafür auf sich zu nehmen, als unentschieden das eigene Leben „treiben" zu lassen – also aus der Hand zu geben.

So ungefähr wäre die Richtung, in die die Entscheidungsarbeit Brunhildes beginnen könnte. Dabei muß auch der Kinderwunsch eine Rolle spielen.

Viele Frauen verbergen diesen Wunsch vor sich selbst und werden dann, wenn die biologische Uhr abgelaufen ist, von der Heftigkeit des nochmals auftauchenden Wunsches überrascht und überrollt.

Kleriker sind gebundene Männer. Sie sind für die Liebe nicht frei

Der Monsignore fixiert Brunhilde auf ein eigentlich unerreichbares Ziel, solange er Kleriker und Monsignore zu bleiben gedenkt. Entweder er setzt seinerseits das kirchlich unerlaubte Verhältnis fort und plagt sich durch Einwände, Rechtfertigungen und Beichtbesuche so recht und schlecht durch die Jahre. (Was therapeutisch nur die schlimme Folge einer nicht getroffenen Entscheidung ist.) Oder er riskiert den wirklichen Abschied von Brunhilde. Das ist ein schmerzvolles Stück therapeutischer Arbeit. Dazu gehört aber auch der Entschluß, Brunhilde wirklich zu verlassen. Das wird meistens unsauber umgangen, indem man versucht, „die Liebe in eine Freundschaft von Dauer zu verwandeln". Derartige Entwicklungen benötigen Zeit und ereignen sich nicht sehr oft. Viel eher beginnen die erotischen Verwicklungen erneut, und das Leiden an der Ambivalenz dreht eine neue Runde mit Brunhilde und dem Monsignore. „Man soll nach einem Abschied einander in Ruhe lassen", lautet eine sehr bewährte und hilfreiche Regel.

Kleriker können sich für die Frau entscheiden. Es ist möglich.

Es gibt für den Monsignore auch noch die Möglichkeit, sein Priesteramt und seine Zugehörigkeit zum Klerus zu riskieren und Brunhilde zu heiraten. Oder mit ihr wenigstens eine offene und respektvolle Partnerschaft einzugehen. Was die Kinder betrifft, ist es jedenfalls notwendig, daß diese öffentlich „Vater" sagen dürfen. Alles andere führt zu übergroßen Schwierigkeiten und Folgeproblemen.

Solidarity forever:
Monsignores Probleme sind auch der Kirche Probleme

Was immer der Monsignore tun wird, er wird damit auf einer persönlichen Ebene ein grundlegendes Kirchenproblem austragen. Jahrhundertelang, bis zum zweiten Vatikanischen Konzil, war die Kirchenorganisation insgesamt auch theoretisch-theologisch ambivalent. Zwar war die Ehe rechtlich als Sakrament anerkannt, aber zugleich wurde die Höherwertigkeit der Ehelosigkeit (die kein Sakrament ist) festgeschrieben. Beides (in schöner Organisationsambivalenz) auf dem Konzil zu Trient (1545–1563).

Weil die Kirche als Ganzes einerseits sexuell gezeugte Kinder zur Aufrechterhaltung ihrer Ordensgemeinschaften, des Klerus und der Mitgliederzahlen dringend benötigt (das war schon in apostolischen Zeiten so), muß man es andererseits als (ambivalent) gegenläufige Strebung ansehen, wenn sie die „jungfräuliche Zeugung ihrer Kinder" durch den Brunnen der Taufe allein oder durch das Gebet und die Fürbitte ihrer Heiligen als höherrangig ansieht. Ohne Mutterschoß bleibt der Taufbrunnen ungenützt, aber trotzdem ist der Taufbrunnen „wegen seiner Jungfräulichkeit" nicht mit dem Tod verbandelt. (Historisch ist das plausibel zu machen, aber heute?)

Wenn sich unser Monsignore mit der Kirche als Organisation identifiziert, so ist es klar, daß er in seinem Leben auch zu keiner besseren Lösung kommen darf als die Kirche als Ganzes. Sie bestraft ihn daher lediglich für eine allfällige zivile Trauung mit Suspension vom Priesteramt. Alle anderen seiner möglichen Vergehen gegen den Zölibat werden (mit oder ohne Augenzwinkern) dem Bußsakrament oder dem tragischen Spiel der Zölibatsdynamik überlassen. So wie es im Leben des Monsignore aussieht, so sieht es also auch für die Kirche insgesamt aus: Ein ambivalent/nicht-entschiedenes Problem stiftet immer neue Schwierigkeiten und ist die Quelle eines diagnostizierbaren Schadens. Seine Ursache: ein Stück Sexualmoral.

Im Unterschied zu einer so großen Organisation wie die der katholischen Kirche kann der Monsignore wenigstens zu einer privat eindeutigen Lösung finden. Die therapeutische Arbeit mit ihm wird sich dieser schwierigen Aufgabe widmen müssen.

Was sagt der Glaube dazu?

Die Eindeutigkeit des „Ja" oder „Nein" in einer bislang durch Ambivalenz unentschieden belassenen Frage ist immer ein wichtiges spirituelles Thema. Denn die Unentschiedenheit ist als Phänomen ein Abfall von dem ursprünglichen absoluten und unendlich starken JA, das von Gott zu allem, was lebt und existiert gesprochen worden ist. Dieses JA ist der Zugang zum abgründigen Grund unser aller Existenz und daher die Möglichkeit, auf den „Weg Gottes" zu kommen. Das NEIN hingegen ist ein ebenso wichtiger Zugang zum Weg Gottes, falls es sich gegen alles richtet, was nicht diesem Weg entspricht. Richtig und übereinstimmend mit dem guten und liebevollen Willen Gottes JA oder NEIN sagen zu dürfen, ist nach der alten spirituell-christlichen Tradition eine hohe Stufe der Reife am christlichen Lebensweg.

JA und NEIN sind Grundworte. Sie machen frei.

Der spirituelle Weg des Glaubens eröffnet weit über die normale Psychotherapie hinaus einen Horizont, der verdeutlicht, warum eine Situation wie die zwischen Brunhilde und dem Monsignore mehr ist als ein kirchenbedingtes Schmankerl-Problem. Ambivalent zu bleiben heißt demnach, nicht zum JA oder NEIN vorstoßen zu können, das eigentlich gefordert ist und das ein wirklich frei machendes Angebot darstellt.

Es geht um das ungeteilte Herz

Deshalb ist das JA- oder auch NEIN-sagen-Können eine Aufforderung und eine Unterstützung, sich um ein reines und ungeteiltes Herz zu bemühen. Der „Hirt des Hermas" – eine frühchristliche Lehrschrift – ist ein frühes Zeugnis dieser Bemühung. Wenn wir also auf den Konflikt zwischen Brunhilde und dem Monsignore achten, so mag das Belastende daran im Vordergrund stehen. Wenn wir aber auf die zu überwindende Ambivalenz achten, dann wird ein Reifungsweg für Brunhilde und den Monsignore sichtbar. Diese Wegstrecke wird eine wesentliche ihrer Lebensgestalt überhaupt sein, und sie kann verfehlt werden, wenn sie nicht in die Frage nach dem Willen und Weg Gottes in dieser Konfliktsituation führt.

Das betrifft vor allem die Frage, was der Monsignore tun soll.

Wie er zu seiner Berufung als Priester steht.

Wie es dazu überhaupt gekommen ist.

Wie es zur erotischen Begegnung mit Brunhilde kam und was dieses Ereignis für ihn bedeuten kann.

Diese Entscheidung kann sowohl einen Abschied von Brunhilde bedeuten wie auch eine feste Bindung an sie.

Ganz ähnlich ist die Frage für Brunhilde zu stellen: Warum mußte es gerade ein Priester sein, den sie so jäh wie erfolglos zu lieben versuchte?

Verspielt sie damit ihre Liebe, oder gewinnt sie die ihr eigene Lebensgestalt?

Das Suchen nach dem Willen Gottes ist kein skrupulös-ängstliches Unterfangen. Es ist voller Risken, aber auch voller wunderbarer Passagen der Liebe und der Übereinstimmung.

D. Parolen, Maximen und Szenen prägen das „katholische Milieu"

4. Beispiel:
„Wenn die Mädchen pfeifen, weint die Muttergottes!"

Taxfreie himmlische Verstärkung für die Erziehung

Eine siebzigjährige, grauhaarige Mutter von sechs Kindern erinnert sich noch heute an den Tag, an dem es selbst ihrer Mutter zuviel des familiären religiösen Druckes wurde. An diesem Tag schien die Sonne wunderschön. Alle waren guter Stimmung gewesen und sie selber als kleine, neunjährige Volksschülerin frech und lebenslustig durchs Haus gestürmt. Dabei pfiff sie irgendwie vor sich hin. Das war der Oma zuviel: „Hör sofort auf!" drohte sie. „Wenn die Mädchen pfeifen, weint die Muttergottes!" Die Mutter protestierte. „Laß die Omama reden! Sie redet manchmal Blödsinn!"

Parolen der katholischen Angstpädagogik

Der „Blödsinn" der Omama ist Teil des gesammelten Blödsinns der jahrhundertelang in unserem Kulturkreis herrschenden Angstpädagogik. Die Angst sollte die Kinder (und die Menschen überhaupt) in die erwünschte Richtung zwingen. Ein beachtliches Lexikon derartiger angstpädagogischer Spruchweisheiten ließe sich zusammenstellen: Links die Schlagworte und rechts die Folgen für die niedergeschlagenen Kinder. Machen wir einen kurzen Versuch? Links müßten etwa folgende Angstparolen stehen:
„Wenn du ein Messer mit der Schneide nach oben liegenläßt, müssen die armen Seelen darauf reiten!"
Das heißt: „Die lieben Verstorbenen büßen nicht nur ihre eigenen Sünden im Fegefeuer ab, sondern auch noch alle deine Vergehen, du unachtsames Kind!"
Oder: „Wenn es donnert, schimpft der Himmelvater!"
Das bedeutet: „Du wirst ständig beobachtet, liebes Kind! Jeder-

zeit kann dich Gottes strafender Blitz vom Himmel treffen! Vorerst donnert ER nur zur Warnung! Sicher warst du wiederum nicht brav oder anständig oder fromm! Sei also gewarnt!"

Oder: „Wenn du nicht ißt, was auf den Teller kommt, hat der liebe Gott dich nicht lieb!"

Das bedeutet nicht mehr und nicht weniger, als das zentrale Dogma des katholischen Glaubens (1 Jh 4, 8 ff: Gott ist die Liebe ...) für eine Nichtigkeit zu mißbrauchen. Es erübrigt sich ein weiterer Kommentar.

Oder: „Wie dein Sonntag, so dein Sterbtag!"

Das wiederum bedeutet: „Denk nur an deinen Unwillen, sonntags zur Kirche zu gehen! Sicher warst du nicht andächtig, oder bist während der Heiligen Messe auf dem Kirchenchor oben herumgestrolcht. Oder hast gar die Eltern angelogen und bist überhaupt nicht in der Sonntagsmesse gewesen? Warte nur auf deinen Sterbetag! Warst du am Sonntag nicht bei Gott in der Kirche, wirst du auch an deinem Lebensende nicht bei Gott im Himmel sein! Sei also gewarnt!"

Oder: „Ein Auge ist, was alles sieht, auch was in dunkler Nacht geschieht!" Das bewirkt eine Art Dauerröntgenisierung durch Gottes Auge. „Liebes Kind, laß ja deine Hände oben auf der Decke, wenn du einschläfst, und denke nicht, sie könnten unter der Decke im Dunkel des Bettes oder der Nacht zu den ‚unkeuschen Teilen' wandern! Gott läßt sich nicht betrügen!"

Oder: „Über ungehorsame Kinder weinen die Schutzengel!"

Wer will schon mit dem Bewußtsein leben, daß er die freundlichen Schutzengel, die ja nichts anderes zu tun haben, als auf uns aufzupassen, so zur Verzweiflung treibt?

Oder viele, viele andere gleich konstruierte Parolen, Maximen, Aussprüche, die alle zusammen die stimmungsmäßige Prägung eines Milieus ausmachen.

Das Sechste Gebot im „Beichtspiegel" der Gebetbücher

Nicht unerwähnt dürfen die einprägsamen Sätze der sogenannten „Beichtspiegel" bleiben. Sie geistern durch das Milieu der heute Erwachsenen. Als Kinder sind sie ihnen im Religionsunterricht oder in den Katechismen und Religionsbüchlein begegnet. Selbst in den sonst in so niveauvolles Deutsch übersetzten Römischen Meßbüchern (nach dem Herausgeber „Schott" oder „Bomm") genannt, finden wir sie. Hier einige Beispiele dafür:

„Habe ich etwas Unkeusches gerne angesehen?

Habe ich etwas Unkeusches geredet?

Habe ich etwas Unkeusches getan?

Habe ich jemand zu einer Sünde verleitet?" (Aus der 3. Beichtandacht für Kinder, in: „Heiliges Volk", St. Pölten 1935).

Das Problem dabei ist: Was verstanden die Kinder unter „unkeusch"? Wer gab ihnen über diesen Begriff Auskunft? Und welche Atmosphäre entstand dabei? Viele Kinder bekommen an dieser Stelle erstmals ein sehr schlechtes Gewissen eingeredet und können sich nur mühsam Jahre später davon befreien.

„Sünden gegen das Sechste und Neunte Gebot: Sich unkeuschen Gedanken und Begierden freiwillig hingeben. Unkeusch reden. Vor wem?

Durch begehrliche Blicke, leidenschaftliche Berührungen und durch Handlungen an sich selbst oder anderen sündigen.

Sündhafte Bekanntschaften unterhalten.

Die eheliche Treue brechen.

Die Ehe mißbrauchen aus Furcht vor dem Kindersegen. (Es ist notwendig, bei Sünden gegen dieses Gebot nach Möglichkeit die Zahl anzugeben ...)" (Aus der 2. Beichtandacht für Erwachsene, ebenda 1935).

Die Kinder der Diözese St. Pölten (und andere ähnlich geprägte) sind nun erwachsen geworden. Das atmosphärisch irritierte „Unkeusch" schleppt sich weiter und wird um das Problem der Geburtenregelung und dessen Kontrolle vermehrt. An dieser Stelle entsteht sehr oft Ablehnung, ja sogar Haß auf die „Kleruskirche". Diese nach außen hin oft heuchlerisch verdeckte Gefühlslage glost im Unterholz des Kirchen-Milieus weiter. Sie stiftet Schaden, weil sie als Konflikt nicht wirklich ausgesprochen und lösbar war. Sie verhindert ein klares JA oder NEIN zum Glauben. Sie mißachtet die eigene Erfahrung und deren Qualität (z. B. was die Geburtenregelung betrifft).

Das „Schott-Meßbuch" richtet sich an die gebildeteren Katholiken. 1961, knapp vor dem Zweiten Vatikanischen Konzil bei Herder, Freiburg, erschienen, war dazu an Beichtparolen zu lesen:

„Bei eigentlichen Sünden gegen die Keuschheit achte auf die Zahl und die erschwerenden Umstände.

Habe ich unkeusche Gedanken mit Wohlgefallen in mir unterhalten?

Freiwillig durch zweckloses Nachdenken und Grübeln unkeusche Empfindungen hervorgerufen?

Mit Freuden an das begangene Böse mich erinnert?

Habe ich in unkeuscher Absicht gewünscht, etwas zu sehen, zu hören, zu tun?

Habe ich Unkeusches mit Wohlgefallen geredet, angehört, gesungen, gelesen?

Habe ich gesündigt durch unkeusche Blicke (schlechtes Kino) ...?

Habe ich die Pflichten der Ehe verletzt?"

Hier kommt nach Wiederholung des seit Kindheit Bekannten ein europäisches Grundproblem dazu: Was soll eigentlich eine „unkeusche Empfindung" sein? Es kann sich doch nur um eine Lustempfindung handeln. Diese kann niemals „unkeusch" sein. Empfindungen sind nicht kritisierbar. Sie sind so, wie sie sind. Unkeusch kann der Mensch im Umgang mit seinen Empfindungen sein. Die Fragestellung ist durch die europäische Verdächtigung der „Lust" als grundsätzlich negativ – höchstens durch den Zweck der Lust als „erlaubt" zu rechtfertigen – schwer irritiert. Menschen, die sich der Atmosphäre einer geistlichen Führung in diesem Stile anvertrauen, geraten in einen zunehmenden Druck. Sie müssen empfinden, was sie empfinden, und sollen das doch nicht. Die falsche Fragestellung verleitet zu verengenden Normen. Vollends schwierig wird es, wenn auf die moderne Kultur hingewiesen wird. Das „schlechte Kino" und das „unkeusche Singen" macht aufmerksam, wieweit die Lebenswelt der Menschen von den kirchlichen Normen abweicht. Diese Abweichung muß begründbar und verantwortbar sein. Ansonsten stürzt sie kirchenidentifizierte Menschen in Einsamkeit oder Außenseiterpositionen oder schneidet sie von der lebendigen Weiterentwicklung der Gesellschaft ab. Selbst Mozarts Opern könnten mit diesen Fragestellungen als sündig erklärt werden! Was würde dann erst zu Kunst und Kultur der Gegenwart zu sagen sein?

Die so entstehende Enge ist für viele Menschen wegen der ihr innewohnenden Spannung und Zwanghaftigkeit eine psychisch gefährliche Situation.

Parolen haben Folgen

Die Angstpädagogik erzeugt ein für Kleinigkeiten beachtlich großes schlechtes Gewissen.

Die Summe derartiger Angstparolen führt zu einer Stimmung schuldbewußter Niedergeschlagenheit. Das, was dabei niedergeschlagen wird, ist zu allererst die lebenslustige, wagemutige, ausgreifende, experimentierende Entwicklung des Kindes. Was dann übrigbleibt, ist ein äußerlich gehorsames, innerlich aber gespaltenes und verstörtes Wesen. Daraus folgen sehr oft ebenso gespaltene, irritierte Erwachsene. Sie geben die Störung weiter, unter der auch sie schon gelitten haben.

Leider ist nicht immer eine kluge und liebevolle Mutter in der Nähe derartiger Angstparolen. Ihr Satz: „Das ist ja ein Blödsinn!" ist respektlos, aber befreiend. Eine Art von „Freiheitsformel", die wirkt, mildert die Situation beträchtlich.

Vergiftung der Atmosphäre

Wenden wir uns noch zwei Formen derartiger Atmosphärenvergiftung zu. Es ist das Beispiel einer inszenierten Lebensmaxime.

Ein frommer Mann, gewählter Pfarrgemeinderat, bedrückte seine Familie. Sein stehender Kommentar zu allem und jedem, was tagaus, tagein in seiner Familie passierte, hieß:

„Leben ist Leiden."

Ganz entsprechend dieser Maxime wußte niemand eine wirkungsvolle Freiheitsformel, um diese Art der Dauerinterpretation wiederaufzuheben. Die Folge für die Gesprächsatmosphäre innerhalb der Familie war verheerend. Alles war gedämpft und auf Moll gestimmt. Zuletzt wurde es besonders schwierig: Die Frau des Pfarrgemeinderates starb. Die Familie verlor die Mutter. Vor dem Begräbnis ließ der Witwer ihr noch die Totenmaske abnehmen. Unter einem einfachen Glassturz fand die Maske auf dem Wohnzimmertisch in der Wohnung ihren endgültigen Aufstellungsort. Eine kleine Lampe strahlte sie von unten an. Das Wohnzimmer wurde so zu einem permanenten Sterbe- und Gedächtniszimmer. Niemand durfte darin (wie ehemals) lachen oder spielen oder mit Nachbarn Kaffee trinken. Stundenlang saß der verwitwete Pfarrgemeinderat still in sich gekehrt im Lehnstuhl in diesem Zimmer. Der Druck dieser Dauerszene war unerträglich. Eine der Töchter versuchte in ein Kloster zu gehen. Als Ausweg sozusagen. Später trat sie dann wiederum aus und wurde lieber Pastoralassistentin: „Damit ich in Papas Nähe bleiben kann. Man weiß ja nie, wie es mit ihm noch werden wird." Sie hatte vollkommen recht. Papa verfiel in eine andauernde Depression und lastete nun insgesamt auf der Restfamilie, denn zu helfen wußte ihm niemand, und er selbst lehnte jegliche Behandlung ab.

Ein weiteres Beispiel. Eine immer wieder abgespulte Miniszene beeinflußte die Umgebung des Pater Dietrich: „Wie geht es Ihnen, Herr Pater?" wurde der altehrwürdige Mönch gefragt. „Danke, danke" kam die Antwort. „Ganz unverdient sehr gut! Wirklich ganz unverdient!"

Und er schilderte, wie er sich tagtäglich sein eigenes Hähnchen auf dem Markt aussuchen und in der Klosterküche zubereiten durfte. „Diese Art von Diät erhält mich gesund!" setzte er hinzu. „Ganz unverdient gut! Wirklich ganz unverdient!"

Was sagt die Therapie dazu?

Die Atmosphäre ist wirksam!

Die Beispiele zeigen in einigen wenigen Blitzlichtern die Strickmuster, nach denen sich negative oder, noch besser, destruktive „Kirchen"-Atmosphären zusammenballen. Der Begriff „Atmosphäre" ist sehr brauchbar, wenn es um das Verstehen von Notwendigkeiten geht, die jemand zum Leben benötigt. So könnte man sagen: „Erziehung ist (hauptsächlich) Atmosphäre." (Wer gut erziehen will, muß auf eine konstruktive, gute Atmosphäre achten. Ganz ähnlich: „Gesundheit ist Atmosphäre.")

Der stellvertretend für unzählige derartige Sätze stehende Satz vom „Weinen der Engel" ist als prägnantes oder auch immer wiederkehrendes Element von weit größerer Bedeutung, als seine Wirkung bei einer kursorischen Auflistung außerhalb des Familienkontextes vermuten läßt.

Die durch Katechese und Predigt auf die Reise durch das katholische Milieu geschickten Sätze aus Beichtspiegeln setzen sich in Denkstrukturen fest. Sie scheinen Auskunft über die Haltung der Kirche zu Fragen der Sexualethik zu geben. Sie orientieren und bewirken Einschüchterung und auch Ablehnung.

Am Beispiel „Leben ist Leiden", das zu einem familiären Fiasko mit depressiv-psychotischem Endzustand des Vaters führt, zeigt sich die prozeßbezogene Auswirkung. Jedes Element beginnt, wenn es einmal in den Lebensprozeß eingefügt wurde, darin weiter sein wirkendes Unwesen zu treiben. Es verbündet sich oder legt sich gegen andere Elemente quer, es beschleunigt und färbt stimmungsmäßig kräftig mit. Das ist nicht einfach auszuhalten und schwierig zu ändern.

Der Mönch, der seinen wohlverdienten Lebensabend mit schlechtem Gewissen genießt, ist ein harmlos scheinendes, aber ebenso erschreckendes Beispiel der Wirkung eines Elementes. Schließlich hat er jahrelang Theologie studiert, und es wird ihm auf der intellektuellen Ebene durchaus klar sein, daß das Leben niemals verdienbar ist. Deshalb ist das Glück eines „guten, angenehmen" Lebens auch niemals „unverdient". Das ist keine Kategorie, um über das Leben nachzusinnen. Tut man es doch auf diese Weise, so kommt man in einen schweren Widerspruch zu den Grundfakten des Daseins. Dieser Widerspruch wirkt sich als Störung aus.

Alle Beispiele, aufeinander bezogen, zeigen den unverschämt frechen Druck, der unter Einbeziehung des Himmels zu erzielen versucht wird. Es genügt offenbar nicht, mit normaler menschlicher Autorität vorzugehen, es wird in den Himmel gegriffen, um möglichst viel Verstärkung für die eigene Lebensparole zu bekommen. Die Beispiele zeigen auch die konsequente Folgewirkung bedenklicher Lebensmaximen und Parolen, die erhaben und wahr klingen, aber dennoch falsch sind.

Schließlich wird auch der Grundwiderspruch deutlich, der auf diese Weise entsteht. Mit sich selbst, mit der Umwelt, mit der Tiefe des Lebens in Widerspruch zu stehen, ist keine Kleinigkeit. Denn die Tiefe des Lebensprozesses im Widerspruch zur Oberfläche ist etwas sehr viel Betreffenderes, als der logische Widerspruch auf ein und derselben Ebene etwa.

Was sagt der Glaube dazu?

Alles beginnt mit Respekt vor dem göttlichen Bereich

Der Heilungsvorgang kirchlich spiritueller Art setzt immer Ehrfurcht und Achtung des göttlichen Bereiches voraus, dem er entspringt. Dieser Grundakt des Respektes ist uns in der Gegenwart zeitgeistig bedingt verlorengegangen. Der Schaden ist gewaltig, vor allem weil uns gar nicht bewußt ist, daß man normalerweise „die Kuh nicht schlachten darf, die man melken will", wie eine alte Bauernregel mahnt.

Verweigerung der respektvollen Anerkennung „schlachtet" tatsächlich jedes Phänomen, dem man begegnet. Die oben angeführten Parolen tun das teilweise in erheblichem Ausmaß. Die Frage, wie ich mich des Himmels bediene, um auf der Erde meine Ansichten durchzusetzen, entspringt von sich aus schon einem völlig korrekturbedürftigen Standort. Deshalb beginnt die Heilung einer destruktiven Atmosphäre in einer Familie damit, daß „Himmel" und „Erde" entflochten werden. Das kann dadurch geschehen, daß man die Erde wirklich Erde sein läßt und dem himmlisch-religiösen Bereich durch einen Ritus, durch ein Gebet, durch eine spürbare Haltung der Achtung begegnet, ohne ihn zu benützen.

Die Zwiespältigkeit der Erde

Unzählige gottesdienstliche Texte nehmen diesen Prozeß der Klärung auf. Wenn es in den angefügten Schlußsätzen zum „Vaterunser"-Gebet heißt: „Denn Dein ist die Macht und die Kraft und die Herrlichkeit in Ewigkeit!", so werden Macht, Kraft und Herrlichkeit Gott übergeben – nicht nur weil sie dort ihren Ursprung haben sondern auch, weil sie durch diesen Vorgang ihre Klärung erfahren. Ohne diese Übergabe treiben sie auf diesem zwielichtigen Planeten Erde einer zwiespältigen Verwendung zu. Der unheilvolle Vorgang bewirkt eine Ausdehnung dieser Zwiespältigkeit auch auf den himmlischen Bereich. Dadurch wird auch deutlich, daß dieser „Phänomenschlachtungsvorgang" eigentlich ein Element ist, daß durch das Tötende darin dem Fünften Gebot Gottes widerspricht und in der Folge zu einer Abschätzung, ja Verdunkelung des Planeten Erde gegenüber dem göttlichen Bereich führt.

Freiheitsformeln

Die so bezeichnete „Freiheitsformel" („Das ist ja ein Blödsinn!") ist die sehr irdisch klingende Fassung unzähliger Befreiungsformulierungen, die der kirchlich-spirituelle Weg bereithält. Darauf im einzelnen einzugehen, übersteigt den hier gebotenen Rahmen bei weitem. Jedenfalls läßt sich sagen, daß die liturgischen (= gottesdienstlichen) Freiheitsformeln explizit auf alle anderen (impliziten) aufmerksam machen. So sind alle Bitten um „Nachlaß, Vergebung und Verzeihung" unserer Sünden immer mit einer Befreiung von den unterdrückenden Sündenmächten verbunden. Eine dieser Sündenmächte ist die destruktiv wirkende Mächtigkeit einer psychischen Dynamik. „Dynamis" – ein griechischer Ausdruck – bedeutet „Macht".

Die Macht einer Familienatmosphäre im negativen Sinne wird durch die größere, befreiende Macht einer „Freiheitsformel" oder eines Gebetes durchbrochen.

Das Gebet ist notwendig

Deshalb ist es unerläßlich, einen Heilung suchenden Menschen die Teilnahme an Gottesdiensten und das Gebet zu lehren. Eine Reihe von Gebetstexten (Lieder etc.), die zu den grundsätzlichen gehören, ist sehr hilfreich, ja unerläßlich, um von den destruktiven Mächtigkeiten freizukommen. Das gilt für Therapeuten wie für Patienten im gleichen Ausmaß. Der Glaube darf das fordern. Die wissenschaftliche Psychotherapie nicht.

Aber ebenso wichtig ist es auch, auf das religiöse Phänomen überhaupt respektvoll zu achten und den Zugang zum Himmel nicht durch seinen steten Mißbrauch zu verschütten.

E. Von kirchenirritierten Lebensläufen

Lebensläufe sind wie Melodien. Beginnt man die ersten Töne zu summen und erwischt sie nicht richtig, sind die folgenden irritiert.

Lebensläufe können durch vielerlei Umstände irritiert werden: Traumata, Krankheiten, Verluste von Angehörigen und ähnlichem. Sie können auch durch kirchenbedingte Faktoren irritiert werden. Eigentlich ist dieser Umstand ja selbstverständlich, soll aber hier besonders herausgehoben und bedacht werden.

5. Beispiel:
„Der Seitensprung muß ins Kloster!" Johannes-Benedikt muß für die Mutter büßen

Bald nach der Jahrhundertwende bekam eine Bauerntochter in Westösterreich ein uneheliches Kind. Das Kind war ein strammer Knabe. Deshalb befand die Großmutter: „Der Seitensprung muß ins Kloster!" Die Kindesmutter war auf das Wohlwollen ihrer Umgebung angewiesen. Der Bub kam ins Internat eines Benediktinerstiftes. Viel Nachsicht der unehelichen Herkunft wegen und viel Fürsprache ergaben zuletzt einen respektablen Schulerfolg und die Matura. Dann kam die Zeit der Einlösung der großmütterlichen Zusage. Der Bub, Johannes mit Namen, trat als Novize in das Stift ein. Aus dem „Seitensprung" war programmgemäß der Frater Benedikt OSB geworden. Ernst und besonders sprachenbegabt widmete er sich dem Studium, und da er nie eine richtige Heimat gehabt hatte, erwählte er das Stift als seine. So wurde er nach vier Jahren zu den ewigen Gelübden zugelassen und zum Diakon geweiht. Die Priesterweihe samt feierlicher Primiz war für den Sommer in Aussicht genommen. Das würde der Abschluß seines langen, mühsamen Weges sein.

Seine älteren Mitbrüder sahen wohlwollend auf ihren heranwachsenden Klosternachwuchs und ließen daher Frater Benedikt allmählich immer offener an den Konventikeln der Patres teilnehmen. So kam es, daß Benedikt zur Faschingszeit (einige Monate vor seinem Weihetermin) zu einer Abendveranstaltung in den Klosterkeller eingeladen wurde. Er sollte die Speisen auftragen, für die Getränke sorgen und an den privateren Bräuchen der erfahreneren Patres teilnehmen. „Damit er gleich weiß, wo es langgehen wird ...", wie ein bereits pensionierter Pater hinzusetzte.

Johannes schilderte später diesen Abend als sein großes Schockerlebnis: „Ich war fassungslos: Patres, Küchenmädchen, Chormitglieder, ... alle in eine Faschingsorgie verstrickt, die ich nicht für möglich gehalten hätte. Es war so, als ob jeder der teilnehmenden Mönche ein zweites Gesicht hätte, das er erst jetzt offen zu zeigen wagte. Ich legte die Schürze ab und rannte fluchtartig aus dem Keller und die Stiege nach oben. Von dort erreichte ich im Dunkeln ohne Aufsehen meine Zelle. Rasch packte ich die wenigen Kleidungsstücke in einen Koffer und verließ über ein Gartentor die Abtei."

Was war knapp vor Frater Benedikts Priesterweihe in jenem Klosterkeller wirklich abgelaufen? Wir wissen es nur von ihm selber. Aber noch Jahre später erzählte er von diesem Vorfall mit erregten Worten.

Er suchte seine Mutter auf, arbeitete kurz in Wien als Fiaker, lernte die Tochter seines Chefs kennen und heiratete. Das Paar bekam zwei Kinder. Aber Johannes hielt es als Fiaker in Wien nicht aus. Er sparte Geld, um in den USA für seine Familie eine neue Existenzgrundlage zu suchen. Das mißlang gründlich. Nachdem er sein ganzes Geld unglücklich investiert hatte und noch dazu bestohlen worden war, flüchtete er nach Kuba, wurde Sekretär des damaligen Regenten, zugleich dessen Chauffeur und leider auch rauschgiftsüchtig. Schließlich wurde er verhaftet, konnte fliehen und kam zurück nach Wien. Hier fand er nochmals Aufnahme in seiner Familie. Johannes war inzwischen mehrerer Sprachen mächtig, arbeitete nun als Fremdenführer und begann, im Casino zu spielen. Als er nicht mehr wußte, wie er die ausstehenden Schulden begleichen sollte, erschoß er sich eines schönen Vormittags ohne jegliche Ankündigung. Der „Seitensprung" war tot. Er war aus dem Kloster zurück in „die Welt" und dann endgültig zur Seite gesprungen.

Die Witwe heiratete noch zweimal. Einer der Söhne heiratete auch zweimal und fand als liebevoller, spirituell interessierter Heilmasseur jenen Frieden, den sein Vater niemals finden hatte können.

Was sagt die Therapie dazu?

Lebensläufe sind üblicherweise kein Gegenstand einer klinischen Diagnose. Das müßte eigentlich erstaunen, wüßte man nicht, wie segmentierend Diagnosen erstellt werden. Aber es gibt einige Alltagsworte, die zu Lebensläufen Stellung nehmen: Als „tragisch" oder „wunderlich" oder „wie eine Komödie" oder „vorbildlich" werden sie bezeichnet. Für unsere Fragestellung ist es wichtig, den Punkt zu sehen, der den Verlauf des Lebensprozesses irritiert und aus der Bahn wirft. In unserem Beispiel ist das eine Lebensbestimmung, die die Großmutter gleich nach der Geburt in Form eines Wahrspruches über ihr Enkelkind ausspricht.

Der bannende Wahrspruch der Großmutter

„Der Seitensprung" ist eine Festschreibung: Obwohl die Mutter einen Seitensprung tat – einen Sprung neben die eheliche Grundordnung – ist das Kind der lebenslange Träger dieses Vorfalles, dem es sein Leben verdankt.

Außerdem verfügt die Großmutter von vornherein eine Klosterlaufbahn für das Kind. Es ist also nicht irgendein normaler Berufsweg, der zwingend vorgeschrieben wird, sondern ein religiös-kirchlicher. Ein absoluter Berufsweg mit Opfercharakter und Ewigkeitswert. Das macht das Gewicht dieses Irritation aus. So kommt es zu den Klosterjahren, die jäh abgebrochen und von einer Periode des unsteten Herumprobierens abgelöst werden. Weder eine Ehe, noch eine Familie, noch eine wirtschaftliche Existenz konnte befriedigend aufgebaut werden. Der Selbstmord beendet dieses Herumirren.
Eine deutlich sichtbare Tragödie.

Welche therapeutischen Möglichkeiten gäbe es?

Mit dem Selbstmord stellt sich für Johannes die therapeutische
Frage nicht mehr. Es ist dafür zu spät. Ein bitterer Satz. Aber wir
können überlegen, ob es unter der Annahme von Johannes Ein-
verständnis zu einem früheren Zeitpunkt einen guten Punkt für
eine Therapie gegeben hätte?

Die entscheidende Szene der Kellerorgie

Dieser Punkt zeigt sich, wenn wir mit unserer Aufmerksamkeit
über die Lebensgestalt hinstreifen. Er liegt in der grell-orgia-
stischen Szene im Klosterkeller. Johannes hätte nach der Flucht
über die Stiege hinauf und aus dem Kloster hinaus die Chance
haben sollen, therapeutische Hilfe in Anspruch zu nehmen. Die
deutlichste Krise ist sehr oft der beste Punkt, um mit einer
therapeutischen Revision des eigenen Lebens zu beginnen.
Dabei wäre in der Therapie zu allererst der Schock der Kellerorgie im Vordergrund gestanden. Vermutlich hätte sich in diesem Schock auch ein Zusammenbruch eines nicht realen
Bildes über das Kloster und seine Mönche gezeigt. Dieser
Zusammenbruch einer wirkungsvollen Illusion hätte zur Frage
nach der „Heimat" geführt, die Johannes in seiner Verwandlung
zum Frater Benedikt gesucht hat. So wäre der therapeutische
Prozeß schließlich zur unehelichen Geburt und zum Wahrspruch der Großmutter über den Lebenslauf des Johannes
gekommen.

Die Chance, das eigene Leben in die Hand zu bekommen

An diesem Punkt – dem Punkt der allerersten Irritation – hätte
die therapeutische Arbeit ansetzen können. Es erhebt sich nämlich die Frage: „Wie kann Johannes seine Mutter und seine Großmutter lieben (oder zumindest achten), wenn gleichzeitig beide,

unter diesem Wahr- oder, besser noch, Bannspruch stehend, seinem Lebenslauf einen Drall versetzen, der ihn an eigener Entscheidung vorbei ins Kloster dirigiert hat?"

Es wird also darum gehen, Johannes ausdrücklich und bewußt die Chance zu geben, zu diesem Bannspruch Stellung zu nehmen: „Was sagst du zur Großmutter? Und zur Mutter? Machst du, was beide wollen? Sagst du also ‚Ja‘ oder sagst du: ‚Das mache ich nicht! Ich gehe nicht ins Kloster!‘, oder sagst irgendeinen dritten Satz, der dir noch viel mehr entspricht?"

Die Möglichkeiten der Therapie sind gering, aber, am entscheidenden Punkt angesetzt, können sie die Irritation aufheben und den fremdbestimmten Lebenslauf in einen eigenverantworteten zurückführen. So, wie wenn jemand ein Lied, das er versungen hat, nochmals beginnt, um es diesmal klarer und richtiger zu singen.

Es ist selten zu spät

Wenn wir auf den Zeitpunkt knapp vor der Priesterweihe achten, so ist offensichtlich weder der Klosteraustritt noch die Gründung der eigenen Familie für Johannes endgültig das Richtige gewesen. Für eine therapeutische Arbeit an dieser Frage ist es selten ganz und gar zu spät. Es ist also wichtig, den Gesamtlebenslauf im Auge zu behalten, nicht segmentierend vorzugehen, und an den springenden Punkten anzusetzen, weil ansonsten die Therapie (oder auch unsere Begleitung) ins Beliebige oder Belanglose abzuleiten droht.

Lebensläufe entscheiden sich oft an einem einzigen Punkt

Vielleicht sollten wir auch bedenken, daß Lebensläufe Gesamtgestalten sind. Einem Musikstück ähnlich, das von Note zu Note immer deutlicher seine Gestalt enthüllt, stellen sie das Problem der möglichst prägnanten Realisierung. Ein guter Musiker spürt und weiß genau, worauf es ankommt, daß ein Orchester wirklich den „Donauwalzer" spielt und nicht einfach nur einige hundert Noten. Deshalb probieren gute Dirigenten nicht einfach das ganze Stück – Note für Note – mit Akribie und Genauigkeit, sondern nur die wesentlichen und prägnanten Punkte, die das Eigentliche des Stückes zum Ausdruck bringen. Ganz ein ähnliches Verfahren empfiehlt sich auch für uns. Deshalb auch die Suche nach dem prägnanten Punkt.

Die prägnanten Punkte sind als der Ansatzpunkt und zugleich auch der Korrekturpunkt anzusehen, an dem das Schicksalhafte eines Lebenslaufes mit Glück gewendet werden kann.

Wir wissen also wegen des tragischen Endes von Johannes' Lebenslauf nichts über den nicht-irritierten Verlauf, den Johannes selbst eingeschlagen hätte, wenn die Großmutter nicht so schwerwiegend aus religiös-gesellschaftlichen Gründen eingegriffen hätte. Aber wir können sehen, daß es auch positive Möglichkeiten gegeben hätte: Erst einmal die Kellerorgie verarbeiten, dann über Großmutters Bannspruch nachdenken. Ja oder nein dazu sagen. Dann erst über Kloster oder Familie entscheiden … Freilich ist die „Wucht" eindrucksvoll, mit der Johannes aus dem Kloster in die Ehe wechselt. Sie ist auch verständlich und nachvollziehbar. Aber es ist daraus doch etwas Tragisches geworden. Die Großmutter hätte gesagt: „Ich habe es ja immer gewußt: Der Seitensprung gehört ins Kloster! Das hat er jetzt davon …!"

Was sagt der Glaube dazu?

Johannes – vormals Frater Benedikt OSB –, Vater zweier Kinder und Mann einer Wiener Fiakerstochter, hat sich erschossen und ist tot. Die Akten sind vorerst geschlossen und alles Nachdenken über eine mögliche Therapie vergebens. Es ist und bleibt zu spät dafür.

Die Tragik des Lebenslaufes des Johannes sowie die Tragik der Gesamtgeschichte des Planeten Erde steht zur Problemlösung an. Die „Erlösungsreligion" des christlichen Weges setzt genau an dieser unverrückbar scheinenden Tragik an.

Die Erleuchtung übersteigt den Zeitgeist

„Gibt es denn wirklich gar keine Hoffnung mehr? Gar keine Wendung zum Guten?" fragen viele Patientinnen und Patienten, wenn das ganze Leben verspielt erscheint. Oder wenn es zu spät ist. Oder wenn die Todesstunde bevorsteht. Weit über die therapeutischen Möglichkeiten hinausgehend gibt es innerhalb der Kirche eine göttliche Zusage der Gesamtheilung des Kosmos und jedes einzelnen Menschen darin. Dieser Vorgang kann erst in den Blick kommen, wenn der begrenztere Horizont der zeitgeistigen oder nur wissenschaftlichen Betrachtungsweise überstiegen wird.

Die Übersteigung geschieht sehr oft dadurch, daß jemand dieses (Glaubens)Horizontes „inne wird". Es ist dies der Vorgang einer Erleuchtung oder Inspiration (= göttlichen Anhauchung), der im Herzen und in der Seele wirksam wird. Frater Benedikt-Johannes mit einem Berg Spielschulden am Hals, rauschgiftsüchtig, belastet mit der Verantwortung für zwei Kinder und vermutlich nicht allzugut mit seiner Frau verheiratet, hat die Pistole schon in der Nachtkastellade. Er könnte von dieser Erleuchtung oder Inspiration erreicht worden sein. In seinem Herzen hätte sich vielleicht ein Zögern bemerkbar gemacht, ein Hin und Her zwischen „Schlußmachen!" und „Jesus erbarme dich meiner! Ich will leben!".

Einübung in den Überstieg

Das gesamte liturgisch-gottesdienstliche Leben der Kirche übt immer wieder diese Erweiterung des bestehenden Lebenshorizontes. So zum Beispiel, wenn jemand rituell sein persönliches Gebet mit dem Satz beginnt: „Im Namen des Vaters und des Sohnes und des Heiligen Geistes!" In diesem Augenblick stellt er, durch das körperliche Kreuzzeichen unterstützt, sich selbst unter die Wirklichkeit des Kreuzesschicksals des Jesus aus Nazareth. Das ist bekanntlich zum Schnittpunkt zwischen absolutem Scheitern eines Lebenslaufes aber zugleich auch dem Durchgang zu einer darauffolgenden neuen Existenzweise – „Auferstehung von den Toten und ewiges Leben" – geworden. Die Erfahrung dieses rituellen Gebetsanfanges allein durchbricht die sozialisierten Gefühle und Erfahrungen des zeitgeistigen Horizontes. Darüber lange zu diskutieren, bringt wenig. Hier hilft nur die spirituelle Praxis und die Achtsamkeit auf ihre Erfahrung weiter.

Die leise göttliche Anwesenheit

Nun könnte man fragen: Was nützt das? Was bringt das? Was ist das Heilsame daran? Die Antwort kann nur in einem Verweis auf die leise, aber wirkungsvolle Veränderung bestehen, die wahrnehmbar ist und die vor allem das Anzeichen der Begegnung mit Gott (oder mit Wesen aus dem göttlichen Bereich wie Engeln, Heiligen o. ä.) darstellt. Diese Begegnung und dieser Kontakt überbietet alles, was es sonst noch an Begegnungen geben kann. „Du bist wirklich da!" ist eine der oft beschriebenen Grunderfahrungen dabei. Der unanfechtbarste Lebenstrost, der Lebensgrund und das Lebensheil folgen dieser Erfahrung des DU.

„Johannes-Frater Benedikt OSB ist tot!" kann eingewendet werden. Der enthüllte göttliche Horizont greift aber über den des Planeten Erde weit hinaus. Die Kirche (wie auch andere spirituelle Wege) lehrt und weist uns an, für Verstorbene, auch solche mit schrecklichen, verwirrten, irritierten Lebensläufen, zu beten. Dieser Vorgang bedeutet, daß die beiden Kinder des Johannes samt den Hinterbliebenen eine Möglichkeit der Unterstützung für ihn haben. Auch eine Möglichkeit, sich zu Gott um den Ausgleich zu wenden, weil sonst kein Ausgleich für das irritierte Leben mehr gefunden werden kann.

Die göttliche Grundgüte hält auch unter das Scheitern die Hand

Der enthüllte göttliche Horizont stellt auch im Gedächtnis und im Bewußtsein den Lebenslauf des „Seitensprunges" in ein ganz neues Licht. So absurd es klingen mag, diese Beleuchtung wirkt

sehr gütig, sehr wärmend und sehr menschlich. Sie ist so wahr-
heitsgetreu, als auch liebevoll und achtungsvoll. Die dermaßen
vom Licht Gottes gefärbte Beziehung der Hinterbliebenen zu
Johannes unterscheidet sich grundlegend von einer bloß
„gedächtnismäßigen" gesellschaftlicher Art.

Erinnerung ist eine Art von Auferstehung

Sie ruft deshalb Johannes ins Gedächtnis oder in die menschliche Erinnerung, weil sie von der Auferstehung Jesu her an jeder
Art von Auferstehung engagiert ist. Dadurch ist sie hellsichtig
geworden, Sie sieht Auferstehungsvorgänge, weil sie aufmerksam geworden ist. Nichts soll im Tod endgültig ins Nichts zurück-
sinken. Alles soll mit der Auferstehung Jesu in Kontakt kommen
und in den Prozeß der Weltverwandlung hineingeraten.

Das Richtige im Falschen, das Gesunde im Kranken

Darüber hinaus bringt der göttliche Horizont auch die Übereinstimmung mit einer sehr schmerzlichen Grundtatsache zum
Bewußtsein: daß es nämlich nicht so ist, daß es „gesunde" und
daneben „kranke" Lebensläufe gibt. Ganz im Gegenteil ist unter
dieser Beleuchtung des Glaubens sichtbar, daß ganz grundsätzlich das Gesunde immer mit dem Kranken in einer einzigen Vermischung real vorkommt. Daß also des „Seitensprunges" Lebenslauf irritiert und letztendlich tragisch verlaufen ist, besagt, daß
das Gültige, Positive an diesem Lebenslauf immer in der Irritation
durch Negatives oder irrlichternd Ungültiges zur Erscheinung
kommt. Der christlich-spirituelle Weg, der der Weg der Kirche ist,
geht mit ganz großer Gelassenheit davon aus, dieser gemischten,
zwiespältigen Realität zu begegnen. Der „Seitensprung" ist nur
einer unter vielen derart irritierten Lebensläufen, und das endgültige Wort über diesen Lebenslauf ist nicht das der Psychotherapie (die wissenschaftlich eingegrenzt ist), sondern das Gottes.
Natürlich eröffnet diese Perspektive den Blick auf die neue Exi-

stenzform „ewiges Leben", legt den Ursprung und den Akzent dorthin und versteht von dort her auch den irritiert suchenden Johannes-Frater Benedikt OSB. So wird alles wieder gut – ja es wird noch viel besser, als alles urspünglich entworfen worden war. Die „Gesamtatmosphäre Lebensraum Erde" ist vollkommen erneuert worden, und das hat auf das Daseinsgefühl jedes Menschen eine Auswirkung, die sich stimmungsmäßig erweisen lassen müßte.

Die Antwort auf das „Wozu" und „Wie" ist also nicht in dieser oder jener spirituellen Übung zu geben (ähnlich einer therapeutischen Intervention), sondern eröffnet sich auf vielfältige Weise in einer Gesamtheilung der Atmosphäre des Lebens. Dadurch wird der kirchlich-spirituelle Weg heilsam. Wodurch er leider unheilsam wird, zeigen die angeführten Beispiele.

Die Atmosphäre reinigt, behütet und heilt

Daß es die Sache des Seelsorgers/der Seelsorgerin oder des Therapeuten/der Therapeutin ist, sich selbst in der Atmosphäre der substantiellen Psychotherapie und auch in derjenigen des substantiellen kirchlichen Heilsweges des Glaubens aufzuhalten, um nicht zerstörerisch zu wirken, ist evident.

6. Beispiel:
„So eine Schande, so eine Schande!" Otto und die katholische Sexualmoral

„So eine Schande, so eine Schande!' riefen die Leute in meinem Heimatort, als ich meine Bäuerin, bei der ich als Knecht in Dienst war, heiraten mußte. Wir bekamen nämlich ein Kind." Ein Mann erzählt seine Geschichte.

„Eigentlich wollte ich Priester werden. Aber wie sollte ich denn das? Vier Klassen Volksschule habe ich besuchen können, die Pflichtschule habe ich nie so richtig fertig gemacht, denn zu Hause wurde ich als Helfer benötigt. Da ging es mit dem Schulbesuch nicht so genau! Jedenfalls: Als junger Bursche kam ich dann nach Tirol und ging dort zur Benediktinerabtei Volders. Es war knapp vor dem Ersten Weltkrieg. Als der Krieg dann tatsächlich ausbrach, mußte ich sofort einrücken. Ich kam zu den Kaiserjägern und wurde leicht verwundet entlassen. Wo sollte ich hin? So kehrte ich in meinen Heimatort zurück und verdingte mich als Knecht bei einer Kriegerwitwe mit drei Kindern. Ich war jung und fesch, zugleich aber einsam und mit Arbeit überlastet. Der Bäuerin erging es ähnlich. Sie erkor mich zu ihrem Geliebten, und wir bekamen ein Kind. Also heirateten wir. Als das Kind dann geboren war, war es tot.

Wir bekamen wiederum ein Kind. Unglücklich darüber gab mir meine Frau die Schuld an der neuerlichen Schwangerschaft. ‚Du hättest aufpassen müssen!' sagte sie. Daraufhin ging ich zum Ortskaplan, denn „Aufpassen" war kirchlich verboten. Ich kannte ihn nicht nur von der Kirche her, sondern auch vom Eisstockschießen. Sein Rat: ‚Otto, du mußt schauen, daß nur ein bis zwei Samentröpfchen hineinkommen! Mehr ist nicht notwendig! Dann ist es keine Sünde!' Mir hat derartig gegraust, daß ich niemals mehr in meinem ganzen Leben mit einem Priester über ein sexuelles Thema gesprochen habe. Ich konnte es einfach nicht mehr! Daraufhin bekamen wir noch zwei Kinder, und dann war unsere Ehe total am Ende. Meine Frau, die Bäuerin, demütigte mich sondergleichen, und ich begann zu trinken. Schließlich trennten wir uns – scheiden lassen durfte man sich im christlichen Ständestaat ja nicht – und ich ging nach Wien, wo mich niemand kannte. Unter Adolf Hitler war dann auch die Scheidung möglich. Daraufhin schloß mich meine katholische Kirche vom Sakramentempfang aus. Das hielt ich nicht aus und wurde altkatholisch.

Jetzt, da ich alt und krank geworden bin, will ich wieder katholisch werden. Was sagte der zuständige Pfarrer zu mir? ‚Sie werden in Ihrem Alter ja nicht mehr mit Ihrer Frau schlafen. Da können Sie ohne weiteres bei aufrechter Zweitehe wiederum katholisch werden und die Sakramente empfangen.' Ich glaube, ich werde das tun. Ich will wieder heim in die Kirche meiner Jugend. Aber verstehen kann ich das alles nicht!"

Was sagt die Therapie dazu?

Zuerst einmal das „schlechte katholische Gewissen" ...

Das psychische Leiden dieses alten Mannes geht aus seinem Bericht nicht direkt hervor. Es sind viele, viele Gewissensbisse, die ihn quälen:

Hätte ich nicht doch bei meiner ersten Frau bleiben müssen? Gilt nicht der alte Grundsatz: „Versprochen ist versprochen und wird auch nicht gebrochen" besonders für die Eheschließung? Diese fast zwanghafte Art, mit Normen und Verbindlichkeiten umzugehen, erwies sich auch in der Art der Alimentationszahlung an seine erste Frau: Bis zu seinem Tode – das sind ungefähr fünfzig Jahre lang – sandte er per Postanweisung die sechzig Friedensschillinge, zu denen er seinerzeit gerichtlich verpflichtet wurde. Den Schatten dieser Scheidung wurde er niemals wirklich los.

Die zweite Frau rettete Ottos Leben

Seine zweite Frau rettete ihm eigentlich das Leben. Sie pflegte und betreute ihn, als er auch körperlich geschwächt nach Wien gekommen war, sie half ihm, vom Alkohol loszukommen, sie verdiente durch emsige Putzarbeiten in betuchteren Familien zu seinem kleinen Gehalt dazu und gebar ihm zwei Kinder. Eine gute Frau, aber eine bitter gewordene Frau: Überarbeitet, enttäuscht, daß er sich nicht wirklich von seiner ersten Ehe lösen konnte, angewidert von der wortwörtlichen Befolgungen der (damaligen) katholischen Sexualmoral und der Rolle, die diese den „Samentröpfchen" als Beurteilungsfaktor zuwies (was sie als Beleidigung und Bruch ihrer Initimität empfand), schließlich auch empört über den Pfarrer, der glattweg den altersbedingten Nichtvollzug ihrer Zweitehe so erleichtert positiv wertete ...

Ein menschlich versöhnliches, spirituell schrilles Ende

Die knapp vor dem Sterben vollzogene Rückkehr zur römisch-katholischen Kirche setzte dem mühseligen Lebenslauf ein versöhnliches Ende. Aber die gute und so loyale zweite Ehefrau setzte nach diesem abschließenden Amen noch hinzu: „Ich geb' gar nichts auf die Kirche mit ihren Pfarrern!"

Als Ehepaar gesehen endet dieser Lebenslauf in einer schrillen spirituellen Differenz. Und dafür gibt es Gründe. Vor allem ist neben der zwanghaft-engen Struktur des Mannes, der niemals zu seiner ihm zustehenden inneren Freiheit gefunden hatte, noch seine mörderische Bestimmtheit durch die katholische Sexualmoral auffallend.

Ein subtiler Verrat an seinem Mädchen

Daß Otto kriegsbedingt nicht in der Priesterausbildung bleiben konnte, mag mit dem politischen Schicksal seines Geburtsjahrganges erklärbar sein. Aber daß er dann als Bauernknecht mit seiner Bäuerin ein Verhältnis einging, das Kindesfolgen hatte, war schon eine andere Sache und stand in seiner persönlichen Verantwortung. Er war diesmal nicht zwanghaft und streng katholisch geblieben. Er war „leichtsinnig und locker" gewesen. Gewiß, „nur einmal", aber eben doch. Und er hatte einer verführerischen Einladung seiner Chefin, der Bäuerin, nicht widersprochen. Das war eine rasche, subtile, aber folgenschwere Entscheidung. Denn im Grunde war er mit einer Dienstmagd liiert gewesen, hatte mit ihr „gespeanzelt", wie derartige Liaisonen in der Umgangssprache seines Ortes bezeichnet wurden. Nicht nur war es genau diese Situation, die die Eifersucht der Bäuerin hervorgerufen hatte, es ging auch darum, „die junge Dirne", auszustechen. Sie sollte sehen, wer am Hof das erotische Anrecht auf fesche junge Knechte hatte.

Otto stand somit am Prüfstand seiner eigenen Gefühle und seiner Autoritätshörigkeit. Was würde er nun tun? Nicht gewohnt, seine eigenen erotischen Gefühle wirklich ernst zu nehmen (waren sie nicht meistens eine „Versuchung zur Unkeusch-

heit"?) und stets durch „Obere" gedemütigt, ließ er sofort von der
Magd, als die Bäuerin ihn heranwinkte. Eine verratene Erstbe-
ziehung liegt unter der Beziehung zu seiner Bäuerin, und es ist
die Frage, wie gebunden er eigentlich an diese Dienstmagd
gewesen war. Oder umgekehrt: Wie frei war er wirklich für eine
Beziehung zu seiner Bäuerin?

Die Schwangerschaft ist entscheidend

Aber was soll alles Nachdenken, schließlich wurde die Bäuerin
ja schwanger! Wer schwanger ist, muß geheiratet werden. Wer
eine katholische Bäuerin sein will, muß in geordneten Verhältnissen leben. Die „schönen Witwen" waren schon immer Figuren, vor denen die Gläubigen in Predigt und Katechese gewarnt
wurden. Was sollen da Fragen nach der Liebe Ottos zu einer
Dienstmagd oder auch diejenige, wie eigentlich Otto, der
Knecht, plötzlich zu Otto, dem Bauern, mutieren konnte. Ob er
als Partner der Bäuerin überhaupt vorstellbar war? Ob er von
den nur wenig jüngeren Söhnen der Bäuerin aus erster Ehe
respektiert werden würde? Jede dieser ganz realistisch-berech-
tigten Fragen stieß an eine Mauer. Sie war aus Herkommen,
Moralnormen, Leitbildern und Erwartungen errichtet worden
und stand schon einige hundert Jahre lang. An sie geriet nun
Otto mit seiner Bäuerin, und darin steckten beide wie in einer
Sackgasse. Dieser Sachverhalt ermöglicht es, das Gewicht dieser
Irritation in Ottos Lebenslauf zu sehen.

Es war also die erste gewichtige Irritation des Lebenslaufes
von wirklichem Belang (abgesehen vom Kriegsgeschehen). Sie
bestand im Verrat an der Liebe zu seiner Magd und der „Zwangs-
heirat" (aus Gründen öffentlichen Ansehens) mit der Bäuerin.
Die unerwartete Tatsache, daß das erste Kind – der „Anlaßfall"
zur Heirat – tot geboren wurde, wirkte auf die Eltern wie ein göttliches Strafzeichen: Der Schande der Schwangerschaft folgte die
öffentliche Heirat (die einem Spießrutenlauf glich) und darauf
das tote Erstgeborene. Alles umsonst auf sich genommen? Nichts
als Blamage und Strafe?

Die Heirat war moralgerecht, aber katastrophal

Die folgende Periode machte formal den Knecht zum Bauern auf dem Hof. In der täglichen Realität blieb er de facto immer jemand, der nichts zu entscheiden und nichts zu vermelden hatte. Die älteren Kinder der verwitweten Bäuerin, die aus der ersten Ehe stammten, verweigerten ihm dann tatsächlich die Achtung. Otto wurde also systematisch in eine Situation der Destruktion und Depotenzierung gebracht. Aus einem untergeordneten, lebenslustigen Knecht, der gerade die ersten Schritte einer persönlichen Verliebtheit zu tun begann, war ein „Niemand" geworden. Und die Zeit machte diesen Umstand immer deutlicher.

Klug wäre gewesen, diese Beziehung mit der Bäuerin rasch wieder abzubrechen oder zumindest keine Kinder mehr mit ihr zu bekommen. Aber das war schwierig. Erstens war Otto ein fescher und attraktiver junger Mann, und zweitens war die Bäuerin eine verwitwete Frau, die ebenso erotische Bedürfnisse hatte, weil sie noch nicht „auf dem Abstellgleis" stehen wollte. Beide hatten hauptsächlich Arbeit über Arbeit zu leisten, um wirtschaftlich überleben zu können. Dann gab es noch die wenigen gesellschaftlichen Lichtblicke rund um den sonntäglichen Kirchgang. Aber was gab es sonst?

Erotik – ein gefährdeter Rest des Paradieses

Sonst gab es noch die Ebene der erotischen Liebe – einen Rest an Sehnsucht, Glück, Lust, Geborgenheit, wenn die Beziehung glücklich war. Aber wenn die erotische Beziehung in sich schwierig oder verboten war, war auch das erotische Glück dahin. Erotik verwandelte sich dann in eine beharrliche Quelle der Sündengefahr, der öffentlichen Unehre, der zahllosen Gewissensbisse, die mittels Beichte und gute Vorsätze, „nicht mehr zu sündigen", bekämpft werden mußten. Und die Kinder? Sie waren sicher oft eine Quelle der Freude und des elterlichen Stolzes. Viel öfter aber drohten auch sie das erotische Versagen zu offenbaren.

Denn „unehelich" bedeutete soviel wie „in Sünde und Schande" empfangen, gezeugt und geboren. Kinder waren eine sehr gefährdete Freude für die Eltern. Ein Leben lang konnten sie ihnen „Schande" bereiten.

Diese Umstände und Blickpunkte verdeutlichen nochmals den Stellenwert der Erotik und das Glück, das sie versprechen konnte, falls man einen „Treffer" machte, das heißt: zu einer geglückten Beziehung fand.

Im Hintergrund stets die „katholische Sexualmoral"

Es ist notwendig, an dieser Stelle, wo es um Elemente einer Diagnose geht, den Hintergrund des Geschehens deutlich zu machen. Allzu schnell könnte man sonst zu einem Urteil vordergründiger Art gelangen, das das strukturelle Muster außer acht läßt, das diesen Hintergrund bestimmt. Und dieses Muster ist sehr stark von der katholischen Sexualmoral bestimmt. Auf sie muß an dieser Stelle ausführlicher eingegangen werden. Ohne sie zu kennen, wird der Druck nicht klar, der unbemerkt bleiben will und therapeutisch doch in das Licht des Bewußtseins gerückt werden muß. Dieser Druck ist in jeder geringfügig erscheinenden Wendung in Ottos Lebensschicksal zu spüren.

Es ist also nicht der eine oder andere Lehrsatz dieser Moral, sondern die atmosphärische Mixtur aus Religion und Moral, betreffend Sexualität, die auf Otto und sein Milieu wirkte. Das therapeutisch nicht deutlich zu sehen, würde bedeuten, Otto und seine Bäuerin nicht wirklich ernst zu nehmen, ja nur schematisch begriffen zu haben, wie aufdeckend und gefährdend Psychotherapie für beide sein könnte.

Man mag einwenden, daß das hier angeführte Beispiel ja aus einer Zeit vor dem Zweiten Weltkrieg stammt und somit weder die Revolution der „Pille" noch die der zunehmenden Demokratisierung unserer Gesellschaft in Rechnung setzt. Auch nicht die Veränderungen, die das zweite Vatikanum in der katholischen Kirche bewirkt habe. Aber der Augenschein trügt sehr. Ottos Generation ist die Großelterngeneration der heutigen jungen

Erwachsenen und entsprechend der gestiegenen Lebenserwartung durchaus mit ihrem Einfluß auf die Prägung der Familien ernst zu nehmen. Das beweisen unzählige therapeutische Erfahrungen. Darüber hinaus bestätigt in ganz wesentlichen Positionen der gegenwärtige „Weltkatechismus" (Katechismus der katholischen Kirche 1993) die alten Positionen der katholischen Sexualmoral. Das auch ungeachtet vieler „modern" schreibender und lehrender Moraltheologen. Das historisch gewachsene Gewicht der historischen Positionen ist in der Seele in Wahrheit viel stärker präsent, als die flotte, oberflächliche Selbstbekundung der heutigen Generation in den Medien vermuten ließe.

Die katholische Sexualmoral

Sie ist als System einfach und konsequent aus wenigen Grundprinzipien heraus zu begreifen.

Prinzip Nr. 1:

Im Zentrum der Geschlechtlichkeit steht die Zeugung der Nachkommenschaft. Sie ist ausschließlich der gültig geschlossenen, untrennbaren, lebenslänglichen Einehe vorbehalten.

Prinzip Nr. 2:

Rund um dieses Zentrum dient Erotik der partnerschaftlich-gegenseitigen Unterstützung zur „Vermeidung von Unzuchtssünden" und zum Erweis der gegenseitigen Liebe.

Prinzip Nr. 3:

Jede erotische Regung, jeder Gedanke, jede Handlung ist daran zu messen, inwieweit Übereinstimmung mit Prinzip 1 oder 2 gegeben ist.

Prinzip Nr. 4:

Die katholische Sexualmoral gilt prinzipiell für alle Menschen und verpflichtet sie nach dem Stand ihrer sittlichen Einsicht im Gewissen.

Prinzip Nr. 5:

Da diese Moral auf der biblischen Offenbarung Gottes beruht und von den Päpsten stets gelehrt wurde, führt sie automatisch zum Wohl und Glück des Menschen, besonders zum jenseitigen.

Die katholische Sexualmoral „von oben" kracht auf die Erfahrung
„von unten"

Dieses Moralsystem ist nicht auf der Basis menschlicher Erfahrungen entwickelt und von dieser Erfahrungsbasis her zusammengefaßt. Das muß beachtet werden. Es geht ihr also nicht um die leichteste oder beste Problemlösung in dieser Welt, sondern um die Frage, was im Endgericht über Himmel oder Hölle, also im Auswahlverfahren zum ewigen Leben als Sünde angesehen werden wird. Daran orientiert sie sich.

Zusammenfassend und einfacher ausgedrückt: Außerhalb der Ehe ist alles erotische Denken, Fühlen und Tun als mehr oder weniger sündhaft anzusehen. Kluge Beichtväter mildern übergroße subjektive Härten, aber öffentlich wird diese Moral vertreten. Und zwar seit Hunderten von Jahren. Das ist eine lange Zeit. Man könnte viel über diffizile Verschärfungen oder auch Milderungen dieses Moralsystems in diesem Zeitraum schreiben. Aber das würde nicht sehr viel für die Therapie erbringen.

Wie schwierig ist eine jesuanische Moral?

Es würde nur zeigen, wie schwierig es für eine Großinstitution wie die römisch-katholische Kirche gewesen ist und immer noch ist, die jesuanische Moral (wie sie im Neuen Testament als SEINE Verkündigung überliefert ist) gegen bestehende Weltbilder und staatliche Verfügungen durchzusetzen. Dabei darf man auch nicht übersehen, daß die Kircheninstitution sich selber im Wege stand und unter ihrer eigenen geschichtlichen Last litt. (So wagte Papst Paul VI. 1967 nicht, die Geburtenregelung durch die „Pille" freizugeben, obwohl seine eigenen Experten mit überwältigender Mehrheit ihm dazu rieten. Grund: die Abweichung von der tradierten Lehre.) Es geht also in unserem Zusammenhang nicht darum, die Verantwortlichen der römisch-katholischen Kirche vom gegenwärtigen Einsichtsstand her zu verurteilen oder sich über den tausend Jahre währenden Entwicklungsprozeß lustig zu machen. Wohl aber gilt es, anhand konkreter therapeutischer

Beobachtungen den Faktor „katholische Sexualmoral" als Verstärker und Verursacher für psychische Leidenszustände deutlich zu machen. Dazu muß man auch die Frage stellen, in welcher Verfangenheit die Kirchenorganisation sich befindet, daß sie seelsorglichen Erfahrungen nicht zu folgen vermag.

Diese Perspektive ist deswegen abzuhandeln gewesen, weil jede therapeutische Arbeit mit Otto (oder wem immer) nur dann möglich ist, wenn diese Kirchenmoral samt allen ihren Verästelungen und ebenso verästelten Folgen in der Wurzel zum Thema gemacht werden kann.

Soweit also die Beiträge zu einem Verständnis des irritierten Lebenslaufes von Otto. Man könnte ihn als „stille Tragödie" bezeichnen.

Motto: „Durch katholische Sexualmoral auf die falsche Bahn gewiesen und nach zahlreichen Umleitungen letztendlich wieder zu sich selbst zurückgefunden."

Höllenängste dürfen nicht fehlen!

Otto starb tief fromm in einem Wiener Spital an Bauchspeicheldrüsenkrebs. Leider mußte er vor dieser Schlußphase durch eine Phase großer Höllenängste hindurch. Bei seinen erwachsen gewordenen Kindern suchte er in schlaflosen Nächten Trost: „Werde ich wegen meiner Scheidung von Gott in die Hölle verwiesen werden?"

Dieser Vorgang ist ganz typisch. Je rigider die psychische Struktur eines Menschen, je inniger die Zugehörigkeit zur katholischen Kirche vollzogen wird, desto wirkungsvoller sind die Folgen der kirchlichen Sexualmoral in der Seele.

Das ist im Lebenslauf zu sehen. Die scheinbar bloß theologisch-geistesgeschichtlich abgehoben wirkenden Feinheiten einer solchen Moral sind dennoch ungemein wirkungsvoll. (Freilich hängt das auch stark von dem Menschen ab, auf den sie treffen.)

Welche therapeutischen Möglichkeiten gäbe es?

Was hätte Otto tun können?

Wäre jener Kaplan, mit dem Otto seine Eheprobleme bespro-
chen hatte, eine Therapeutin oder ein Therapeut gewesen, wäre
sofort eine ganz andere Perspektive zur Sprache gekommen.
Vielleicht hätte es mehrerer Gespräche bedurft, um das Zutrauen
von Otto wirklich zu gewinnen. Aber seine Familienangehörigen
beschrieben ihn stets als einen Menschen, „zu dem man nur lieb
sein mußte. Dann konnte man alles von ihm haben." Das wäre
vermutlich möglich gewesen. Es hatte einen biographischen
Grund, der sich in der Therapie bald gezeigt hätte: Otto selber
war ein uneheliches Kind gewesen und von seiner Mutter in
Pflege gegeben worden. Es war ein harter Pflegeplatz gewesen,
und das Kind Otto hatte sicher kaum Zärtlichkeit, wenig Anerkennung und schon gar keine Liebe erfahren.

Den stimmigen Platz für das eigene Leben suchen …

Von diesem Punkt eines sehr frühen tiefen Schmerzes her wird
auch der ein ganzes Leben während Versuch Ottos verständlich, irgendwo einen Platz zu finden, an dem er geliebt werden
würde.

Der erste Versuch war sein Eintritt in eine Benediktinerabtei.
Der wurde durch den Ersten Weltkrieg abgebrochen.

Der zweite Versuch war die Liebe zur Dienstmagd. Dieser Versuch wurde durch die befehlenden Avancen der Bäuerin beendet.

Dann schlugen die Prinzipien der katholischen Sexualmoral
zu. Sie verzögerten um ein Jahrzehnt, was schon von Anfang an
klar zu sehen war: Otto und die Bäuerin konnten mitsammen
keine Ehe führen. Sie waren schon allein aufgrund des sozialen
Umfeldes dazu nicht imstande. Ihr Wohnort schätzte derartige
Verbindungen nicht und versagte die so notwendige Stützung
für eine solche Beziehung. Das alles läuft entlang der Geleise

katholischer Moral, obwohl Berichte von Ottos Verwandten bestätigten, daß die Ehefrau-Bäuerin „wirklich sehr ungut und böse" zu Otto war. „Sie war die Hölle für ihn", sagte seine Schwester später.

„Sie" – die Bäuerin – dachte später ganz anders über sich und Otto. Sie vermied es, über die gescheiterte Ehe so zu sprechen, als ob Otto die Schuld an der Trennung hätte. Sie sprach zu ihren beiden Söhnen sogar respektvoll von dem geschiedenen und in Wien abermals verheirateten Vater.

Otto sucht Liebe

Das alles zusammen verstärkt die therapeutische Vermutung, daß es Otto in tiefster Seele eigentlich um eine Suche nach Liebe und Anerkennung ging. „Warum habt ihr mich nicht lieb?" fragte er seine Familienmitglieder oft, um sich dann resigniert ins Bett zurückzuziehen. „Geh Vater, komm doch wieder heraus und zu uns in die Küche", sagte seine älteste Tochter. „Die Mama mag dich sowieso, aber sie kann es nicht zeigen!"

Das war ja auch nicht verwunderlich, mußte sie sich doch noch nach Jahrzehnten als „sündige Frau zweiter Wahl" fühlen. Denn ihr Mann Otto war sich in tiefster Seele immer noch nicht seiner Entscheidung sicher.

Das ließ sie ihn spüren. So war und blieb die Lage irritiert, und so ungefähr vollzog sich die Suche nach Liebe in der zweiten Familie, die Otto gegründet hatte.

Tatsächlich schleppte er zeit seines Lebens das Stigma des „Pflegekindes" mit sich. Die katholische Sexualmoral verstärkte also dieses Stigma noch auf tragische Weise, indem sie ihn zwang, bei seiner unglückseligen Ehe mit der Bäuerin auszuhalten, obwohl die allen Beteiligten immer nur noch mehr schadete. Der Kaplan bestätigte dieses Dilemma.

Wer hat etwas von einer vermiedenen Scheidung?

„Niemand", so eine Therapeutin oder ein Therapeut, falls sie gefragt worden wären. „Wer hat eigentlich etwas davon, wenn Sie sich nicht von Ihrer Bäuerin trennen? Wird irgend jemand von ihnen allen dadurch besser? Oder menschlicher? Oder liebevoller?"

Sicherlich wäre dieser Aspekt von Otto sehr schwer zu akzeptieren gewesen. Denn es ging eben nicht darum, wie zerstörerisch oder liebevoll die Ehe war oder wie konstruktiv oder destruktiv ihre Auswirkungen waren. Es ging vor allem um „die Sünde der Scheidung". Diese war zu vermeiden. Und war dies nicht möglich, so mußte man „eben sein Kreuz auf sich nehmen". Dieser Schluß wäre therapeutisch zu überprüfen gewesen. Es könnte auch sein, daß ein Abschied aus der Ehe fällig gewesen wäre. Auch das wäre vermutlich genügend an „Kreuz" gewesen, wenn wir uns dieser so mißverständlichen Redewendung bedienen wollen.

Kann man „sexualmoralisch" gläubig sein?

Otto hätte also an der Gestalt seines Glaubens arbeiten müssen, weil er ihm Folge leisten wollte. Er hätte vielleicht durch alle Verengungen und Entstellungen seiner traumatisierten Biographie hindurch zu seiner Sehnsucht nach Liebe vorstoßen müssen. Und das nicht nur in Form einer intellektuellen Einsicht, sondern auch im Spüren und Fühlen.

Dieser starke, durchgehende Hintergrundprozeß ist es, der, in sich unkritisierbar und gesund, durch die katholische Sexualmoral verstellt wird. Ottos Glaube an Gott in Gestalt seines Kirchenglaubens war wie eine Heimat, wie ein Stück von jener ersehnten Liebe. Aber der Zwang zum Verzicht auf jegliche „unnatürliche" Geburtenregelung samt dem grauslichen Gespräch mit dem Kaplan wirkte wie eine Verschärfung des Zwanges zur unglückseligen Eheschließung dazu.

Der sexualmoralische Geburtenzwang

Dieser Zwang zu vielen Geburten war allgemein verbreitet und vielleicht auch dadurch gar nicht so als etwas Besonderes wahrnehmbar. (Noch vor dreißig Jahren gab es bäuerliche Siedlungen in Norditalien, wo der Ortspfarrer nachfragen kam, wenn nicht alle zwei bis drei Jahre ein Kind zur Taufe gebracht wurde: „Was ist passiert? Tut ihr etwa verhüten?") Otto mußte sich dieser Zusammenhänge vollkommen klarwerden, um überhaupt entscheiden zu können, ob er zu dieser Glaubensgestalt in sich ja sagen wollte.

Ob er das überhaupt konnte?

Ob er das im Grunde von seiner eigenen, persönlichen religiösen Erfahrung her durfte?

Eine ruhige therapeutische Bearbeitung aller dieser Aspekte wäre dazu nötig gewesen.

Befreiung von der Kirche – eine notwendige Voraussetzung?

Vielleicht hätte Otto in einem Befreiungsschlag seine ganze kirchliche Bindung vorerst einmal über Bord geworfen. Vielleicht wäre seine Form der Befreiung langsam und schrittweise in organischer Form erfolgt. Aber auf jeden Fall hätte sie ihm ermöglicht, seine Verantwortung und seine Schuldigkeit der Magd, der Bäuerin und seinen beiden Kindern gegenüber realistischer einzuschätzen.

Das ermöglichende therapeutische Wort dafür ist: „Was der Fall ist, ist der Fall! Was ist bei Ihnen, Otto, der Fall gewesen?"

Auf diese Weise wäre Otto Schritt für Schritt seiner eigenen Verantwortung und seiner eigenen, subjektiven Wahrheit näher gekommen. Wie dann sein Lebenslauf geändert ausgesehen hätte? Das läßt sich in der Möglichkeitsform nicht sagen. Jedoch wäre eine aufrichtige und wahrheitsgemäße Stellungnahme zur Frage nach der eigenen Sexualität und nach der Sexualmoral überhaupt fällig gewesen.

Dieselbe Stellungnahme müßte sich auch die katholische

Sexualmoral offiziell abringen. Doch das führt in die Möglichkeit einer spirituell-kirchlichen Sichtweise, von der an dieser Stelle gesprochen werden soll.

Was sagt der Glaube dazu?

Über den Lehrsatz Jesu:
„Der Sabbat ist für den Menschen da!" (Mk 2, 27)

Wieso, muß man fragen, hält eine so große spirituelle Organisation wie die römisch-katholische Kirche an einer so fundamentalistisch-theologischen Sexualmoral fest? Verhindert das nicht jegliche spirituelle Möglichkeit schon im Ansatz durch die Irritation des Gefühlsbereiches?

Menschen, die die Kirchenmoral auf diese Weise hinterfragen, haben meistens eine intuitive, innere Kenntnis einer besseren, jesuanischeren Moral. An dieser messen sie die herrschende Kirchenmoral. Dadurch kommt zu ihrer Kritik aus therapeutischer Sicht (rigorose Ausblendung aller persönlichen Erfahrungen von Erotik und Sexualität) eine spirituelle Kritik dazu: Jesus selbst stiftete kein neues Moralsystem.

Jesus hatte mit Systemen, wie wir sie entwerfen, überhaupt nichts im Sinne. Er setzte einen Imperativ – eine Art von Daueranregung – in das moralische Denken und Suchen der Menschheit hinein. In dem knappen Satz: „Der Sabbat" – (immerhin ein israelisches Zentralgebot) – ist für den Menschen gemacht und nicht (umgekehrt) der Mensch für den Sabbat" (vgl. Mk 2, 27). Damit hebt er jede restlose Einebnung von Menschen unter einen Gesetzesbuchstaben auf. Er war gelassen gegenüber verschiedenen Gesetzesvorschriften und hielt sich an sie, soweit sie weder erniedrigten, noch Menschen ruinierten, noch üble Folgen hatten. Aber wenn des Gesetz über Menschen herrschte, überschritt er alle Einzelvorschriften. So im Gespräch mit der Samariterin am Jakobsbrunnen (Jo 4, 7 ff). Erstens verstieß er damit gegen den selbstverständlichen Abstand, den ein jüdischer Rabbi einer Frau gegenüber zu wahren hatte. Zweitens sprach er mit einer „Irrgläubigen" (einer Samariterin) vom Standpunkt des damaligen orthodoxen Judentums aus. Und drittens setzte er nicht einen vorgesehenen Strafprozeß wegen Ehebruchs in Gang, sondern offenbarte sich der Frau. Ganz ähnlich verhielt er sich angesichts der rechtlich gedeckten und drohenden Steinigung einer Ehebrecherin (Jo 8, 3 ff). „Wer ohne Sünde ist, der werfe den ersten Stein!" Die Szene schließt mit einer Bitte: „Sündige nicht mehr!"

Die Kirche paßt sich an

Auch die knappe und unglaublich kühne Reduktion der unzähligen israelischen Gebote und Satzungen auf das Gebot der Gottes- und Nächstenliebe (Mt 22, 37 ff par.) muß in diesem Zusammenhang in den Blick kommen. Dazu noch viele Szenen, in denen Jesus „mit Frauen und Kindern" zusammensitzt bis hin zur Salbung seiner Füße mit kostbar aromatisiertem Öl durch Maria von Bethanien.

Alles das sind ganz einfach zu begreifende, aber auch ganz unglaublich wirkende Vorgänge für einen spirituellen Lehrer überhaupt. Um so auffallender ist die zunehmende Systematisierung und Verhärtung der kirchlichen Morallehre durch 2.000 Jahre. Sie ist das Produkt einer kirchlichen Anpassung an die Moralauffassung der jeweiligen Gesellschaft, mit der sie lebte.

Sie ist aber auch das Produkt einer mehrmals in der Geschichte – vom 3. Jahrhundert bis heute – vorkommenden fundamentalistischen Rückwendung zu religiösen Ansichten, die bereits durch Jesus überwunden worden waren. Die Berufung auf das alte israelische Gesetz spielte in solchen Restaurationsphasen eine große Rolle. Besonders betroffen von dieser Rückwendung sind die Themen „Homosexualität" und „Zölibat" gewesen. Beiden müssen wir uns gesondert zuwenden, obwohl sie nicht die Gesamtbevölkerung betrafen.

Onanie als Massenmord

Ganz anders verhält es sich mit der „Sünde Onans" (1 Mos 38, 4 ff), der seinen Samen außerhalb des Schoßes einer Frau fallen ließ. Sie betraf praktisch alle Jugendlichen irgendeinmal. Obwohl es bei Onan nicht um Onanie, sondern um Coitus interruptus (unterbrochenen Verkehr) ging und obwohl der gesamte Kontext ein anderer war, blieb für mindestens zwei Jahrhunderte bis in unsere Gegenwart „Onanie" ein emotional-sexuelles Schlüsselwort für die katholische Sexualmoral. Der Kampf gegen die Onanie, der sündige Onanist (von weiblicher Masturbation wußte man oder wollte man noch nichts wissen!), prägte mit seiner allen Schülern (und bisweilen auch Schülerinnen) bekannten Beicht-Wiederholungsproblematik das typisch katholische Stimmungsbild.

Onan als Namensgeber für Selbstbefriedigung wurde infolge der mittelalterlichen Naturwissenschaft zum „Massenmörder", weil man dachte, in den männlichen Spermien sei schon der ganze Mensch inbegriffen. Man wußte von weiblichen Eizellen nahezu gar nichts. Der logische Schluß daraus war klar: Wo Masturbation, dort Samenabtötung und daher eigentlich Massenmord. Die Parole hieß dann: „Es gibt keine Sünde gegen die Keuschheit, die nicht schon aus sich heraus eine Todsünde wäre."

Über mildernde Umstände

Da half dann nur mehr der „mildernde Umstand", den man in der Beichte vorbringen mußte, etwa: Schlaf, Halbschlaf, Nichteinstimmen in die auftretende geschlechtliche Lust (ein Phänomen tragisch geübter Spaltung!) usw. Und ein „guter Beichtvater" war derjenige, der klug und geschickt soviel Entschuldigungsgründe wie möglich zusammentragen konnte, so daß die Lossprechung von der Onaniesünde möglich wurde. Das entlastete dann freilich. Aber wäre denn eine derartige Entlastung überhaupt notwendig geworden, wenn es nicht vorher eine Belastung durch den Onanie-Sündenbegriff gegeben hätte?

Der Wahn von der gesundheitsschädlichen Masturbation

Leider, muß man noch hinzufügen, war es damit noch nicht genug der tragischen Verkettungen. Die Medizin im Gefolge der Aufklärung und der Einführung der Pflichtschule im 18. Jahrhundert konnte sich nicht genug tun, Gefahren zu schildern und schreckliche Folgewirkungen („Gehinerweichung, Nervenschwäche, Aussehensveränderungen") vorauszusagen. Derartige fast wahnhafte soziale Zuschreibungen aus dem wissenschaftlichen Lager und auch aus dem politisch-konservativen Lager („Manneszucht und Heldentum statt schändlicher Nachgiebigkeit dem Trieb gegenüber!" u. dgl.) verbanden sich mit den alten Vorbehalten der Kirchenmoral.

Was dabei herauskam, war das epidemisch verbreitete Angstsyndrom „Masturbation", das sich zum „Onaniewahn" auswachsen konnte und ein unglaublich lange wirkendes psychisches Leiden darstellte.

Wir wissen heute mit Sicherheit, daß die behaupteten medizinischen Folgen nicht eintreten. Daß also alle Aufregung, alles Leiden, alle Mühe, eigentlich umsonst war. Die katholische Sexualmoral allerdings gilt bis heute als Symbol dieser ganzen diagnostisch-therapeutisch-spirituellen Verirrung.

Durch das „Katholische Religionsbüchlein" und ähnliche Unterrichtsbehelfe verbreitete sie sich mit Unterstützung der Schulpflicht. So erklärt sich auch die stimmungsmäßig einheitliche Prägung des katholischen Milieus durch diese Art von Moral. Deshalb ist in unserem Zusammenhang der für Otto so schreckliche Satz von den „paar Samentröpfchen" auf diesem Hintergrund besonders wirksam gewesen.

Und so könnte man alle Jahrhunderte hinauf und hinunter fortfahren mit Begründungen und Verständlichmachungen der gegenwärtigen katholischen Sexualmoral. Aber dadurch wird nichts für Otto und seine Bäuerin besser.

Ganz im Gegenteil macht dieser ganze Aufwand bestenfalls den Abschied von diesem Gesamtsystem etwas leichter. Aber das ist schon alles.

Ein beginnender Friedensschluß mit alten „Feinden":
Materie, Erotik, Frauen, Kinder

Was die Ausbreitung historischer Kenntnisse aber doch bringen kann, ist eine Begründung für das Vorgehen eines kirchlich-spirituellen Weges, der stellenweise von der traditionellen katholischen Sexualmoral abweichen muß, wenn er heilsam sein will. Wenn dagegen jemand meinen sollte, nur die Befolgung der kirchlichen Sexualmoral nach Prinzip 1–4 sei heilsam oder spirituell gesegnet, so folgt er einem fundamentalistisch-traditionellen Standpunkt und stiftet erwiesenermaßen Schaden, weil er längst aufgegebene und überholte Lasten ohne plausible Begründung gegenwärtigen Menschen auferlegt. Jesus verurteilt ein derartiges Vorgehen als pharisäisch. „Sie legen schwere Lasten auf die Schultern der Menschen, rühren aber selbst nicht daran!" heißt es bei Matth 23, 4 par. Wer jedoch aus den historischen Kenntnissen zu lernen versteht, der gewinnt in den Prozeß der Heilsgeschichte Einsicht. Langsam, mit vielen Rückschlägen und bisweilen schauerlichen Einengungen setzt sich doch eine Art „Friedensschluß" mit der Sexualität durch. Man müßte diesen Blickwinkel erweitern: Es geht um den Friedensschluß mit der Sexualität als Quelle der Fruchtbarkeit, mit den Frauen als Müttern von Kindern und mit der Materie, die über Sexualität, Frauen und Kinder vermehrt wird.

Europa hat dieses Zusammenhanges wegen seit rund dreitausend Jahren verschiedene Bedenken gegen die Sexualität gehegt. Sie war daran Schuld, daß Frauen Männer zur Zeugung verführten (so mönchisch-manichäische Weltbilder um die Zeitenwende). Wenn dann die Frauen Kinder gebären, so vervielfältigt sich das Leid auf dieser Welt, da ja alle Kinder auch wieder einmal sterben müssen. (So entsteht die frühchristliche Hochschätzung einer Jungfräulichkeit, die über den Tod triumphiert, weil sie nie gebären wird. Doch davon später und ausführlicher.) Und so werden die Frauen als Repräsentanten der Materie und der Sexualität gesehen und dadurch abgewertet. Zuletzt wird die Materie überhaupt als Gegensatz zum Geist gesehen und gefühlt. Der umfassend enthaltsam lebende Mönch bzw. die Nonne ist das stille christliche Ideal der Ostkirchen. Der zölibatär (ehelos) lebende Klerus ist das der Westkirche. Die Konzentration auf diese beiden Formen der Enthaltsamkeit wird zum Schicksal der katholischen Sexualmoral. Sie absorbiert nahezu das ganze spirituelle Interesse, so daß es an einer jesuanischen, warmherzigen, wissenden und brauchbaren „Moral für Normalmenschen" im ganzen gesehen mangelt. Erst in unseren Tagen beginnt die Kirche diesem Mangel abzuhelfen.

Deshalb stößt man bei allen kirchenirritierten Lebensläufen immer wieder auf Klerus- oder Mönchsgeschichten. Erst heute scheint die Kirche soweit zu sein, gemeinsam die Tatsache der Materie, der Erotik und Sexualität wie auch Frauen als partnerschaftlich-geschlechtliche Wesen voll zu akzeptieren. Anstelle des „Traumes von Geist", wie Ferdinand Ebner († 1947) die europäische Geistesgeschichte bezeichnete, tritt die gläubige Existenz „im Heiligen Geist" als kirchlich-spirituelles Angebot voll in Erscheinung.

Nach dieser Verabschiedung einer problematischen und entstellenden Geschichte der katholischen Sexualmoral wird es möglich, den heilsamen Aspekt des kirchlich-spirituellen Weges im Hinblick auf Otto und seine Irritationen zu sehen.

Kehren wir also zu unserer Fragestellung am Ende des vorherigen Abschnittes (therapeutische Möglichkeiten) zurück. Dort war von einem „Befreiungsschlag" Ottos die Rede gewesen und von der „Suche nach der eigenen Sexualität". Nehmen wir an, daß diesmal ein sehr kundiger Kaplan Ottos Lage aufgegriffen und ihn hinein in die kirchlich-spirituellen Möglichkeiten geleitet hätte. Womit hätte er ansetzen können?

Die befreiende Einladung Jesu

Er hätte bei der Befreiung von der Last einer vergangenen Sexualmoral beginnen können, die sich wie eine depressiv-zwanghafte Wolke auf Ottos Leben niedergesenkt hatte. Was im „Speanzeln", also im erotisch-spielerischen Hingerissensein vom Lebensschwung einer Magd gegenüber, anfing, das wurde in den Strom einer starken, eifernden weiblichen Erotik verwandelt und mündete zuletzt in eine ausweglose Sackgasse: Hier das Gebot – dort Sitte und Gesetz, drüber das Auge Gottes, das alles sieht und hört, und darunter die Verantwortung.

„Das soll nicht so sein!" hätte der Mystagoge (= einweisende Seelsorger) sagen müssen. Und dann wäre alles sehr einfach, sehr hell, sehr leicht und wunderbar geworden. Otto hätte der Einladung Jesu folgen können: „Heran zu mir alle, ihr Mühenden und Überbürdeten: Ich werde euch aufatmen lassen." Dieser erste Satz der jesuanischen Initiationsformel (auch „Heilandsruf" genannt) kann als Mantra eingeübt werden. Otto hätte die Worte nach der Art eines Rosenkranzgebetes oder des Herzensgebetes in beständiger Wiederholung in sich aufnehmen können. „Mein Joch nehmt auf euch und lernt von mir. Denn: Sanft bin ich und von Herzen niedrig, und ihr werdet Ruhe finden für euer Leben. Mein Joch ist ja gut, und meine Bürde ist leicht" (Mt 11, 28–30).

Vielleicht hätte Otto den zweiten oder dritten Satz mit dem ersten zusammen neu formuliert und für sich zubereitet. Die beständige Meditation dieser Worte der Kraft und Einweisung hätte seinen Horizont aus der schicksalsbedingten Verdunkelung hinaus in den Bereich des Heiligen Geistes geweitet. Freilich wäre es auf die konstante Übung angekommen. Auch wäre es wichtig gewesen, in dem dabei entstehenden Licht die Gesamt-problematik der augenblicklichen Sackgasse neu zu sehen.

Eine Sackgasse ist dadurch gekennzeichnet, daß sie auf die gleiche Weise, in die man hineingekommen ist, nicht mehr wei-ter durchschreitbar ist. Sie fordert einen gründlichen Wechsel auf eine andere, überlegende Ebene, um überwindbar zu sein. Denn der simple Rückweg ist im Fall Otto angesichts der Ehe-schließung und der damit verbundenen Geschehnisse nicht möglich. Niemand kann die Geschichte zurückdrehen!

Überlastung ist kein Weg Gottes

In diesem Gesamtvorgang hätte Otto entdecken können, daß alles, was einen zu schwerer Belastung und Überbürdung führt, niemals mit dem Weg Gottes etwas zu tun haben kann. Das wäre ein wichtiges Unterscheidungsmerkmal gewesen, das ihm auf seinem spirituell-kirchlichen Weg Orientierung gegeben hätte. Und das „Aufatmen" wäre wie eine Bestätigung für die Richtigkeit des eingeschlagenen Weges gewesen.

Die Gabe der Sexualität

In dieser Weise wäre vielleicht auch „seine Sexualität" sichtbar geworden – jene wunderbare Gabe an Ottos Ich von Gottes Du. Und es wäre darauf angekommen, die eigene männliche Sexualität anzunehmen und als wirkliches Geschenk zu hüten. Und so wäre es auch möglich geworden, selbst zu entscheiden, was nun in der Vergangenheit Verrat an der eigenen Würde der Sexualität war, was er seiner Magd und seiner Bäuerin schuldig geblieben war. Und das alles ohne Dauerirritierung durch die Nebel der irritierten katholischen Sexualmoral. Sie wäre auf einige begründete, handfeste Einsichten und Maximen reduziert worden. Was auch vollkommen genügt hätte. Statt dessen hätte er begriffen, daß Sexualität immer ein Geschenk an Ich und Du ist. Sie gehört nie jemandem allein, und sie bedarf zu ihrer wirklichen guten Position des Respektes und der Liebe. So hätte Otto in einem „Aufatmen" auch seinen „Grausen" vor den Worten des Kaplans besser verstehen können. Es wäre völlig in Übereinstimmung mit der Ordnung Gottes gewesen, der das dialogische Geschehen erotischer Liebe nicht der Tötung durch derart versachlichende (und noch dazu abstrakt falsche) Begrifflichkeiten ausgesetzt sehen will. Denn es geht ja um die große Zustimmung zum Leben. Zum Schwung der Liebe, der den Kosmos durchzittert.

Otto hätte entdecken können, daß er schon auf der richtigen Spur gewesen war, als er zu „speanzeln" begonnen hatte, daß er vielleicht auch früher schon auf der richtigen Spur gewesen war und daß es darum gehen hätte müssen, aus diesen Richtigkeiten etwas Gutes zu machen. Diese prozeßhafte Bewegung von Ottos Sexualität vom Ich zum Du hätte ihn spüren lassen, daß er jemand ist, der geliebt wird. Auch, daß er schon recht hatte, als heimatloses Kind seine Heimat bei Gott (im Horizont der Kirche) zu suchen.

Und er hätte „Aufatmen für sein Leben" gefunden.

Die spirituelle Gesamtperspektive

Es muß bei anfangshaften Andeutungen bleiben, denn die spirituelle Gesamtperspektive ist fast unerträglich groß und schwer zu fassen. Dennoch ist sie die Lichtbrücke, von der her die Erleuchtung auf alle Lebensläufe und Lebensgestalten fällt. Das bedeutet für unsere Fragestellung: Niemand kann Ottos Gang in der Therapie und schon gar nicht in der spirituell-kirchlichen Dimension voraussehen. Aber zumindest gibt es eine Erwartung an die „sexuelle Entwicklung" für Otto. Sie ist ein winzig kleiner Teil eines Weltprozesses, von dem her sie ihre Würde und ihr Gewicht empfängt.

Unterwegs zum „Leib Christi"

Um es noch genauer zu sagen: Ottos sexuelle Entwicklung hätte zu einem gesamtgesellschaftlichen Prozeß gehört, der zu einer neuen Gesamtgestalt führt. Diese wird im Neuen Testament als „der Leib Christi" (vgl. 1 Kor 6, 15 u. a.) bezeichnet, und in dieser Vergesellschaftungsform wird Christus „alles in allem" sein. Sexualität ist eine vereinende, sympathische Kraft (wie schon die alte Theologie wußte) und daher eine Anfangsstufe einer solchen Entwicklung. „Der Leib Christi, der die Kirche ist" (1 Kor 12, 27), ist ein Hinweis auf die Anwesenheit einer substantiellen Kirche innerhalb der soziologisch beobachtbaren. Die Menschen spüren das deutlich, denn nach den zweitausendjährigen Debakeln der Kirchengeschichte gibt es reichlich Gründe, diesem Kirchenwahn ein für allemal den Garaus zu machen. Aber das ist schon oft versucht worden und dennoch nie so recht geglückt.

Deshalb hat es auch einen Sinn, die Glaubensgestalt „Kirche" als spirituellen Weg ernst zu nehmen, und an unseren Beispielen ist ersichtlich, wie auch für ganz konkrete Menschen mit Problemen so ein Weg aussehen könnte. Zurück also zum christlichen Weg.

Die Vision eines Endzustandes: „Leben in einem auf uns zukommenden Neuen Himmel und auf einer Neuen Erde" (Offb 21, 1 ff) ist eine visionäre Formulierung für das magnetisch anziehende Ziel der Geschichte.

Otto ist angekommen

Wenn Otto das gespürt und erfahren hat, ist er vor Gott gestanden. Alles zu tun, daß Otto zu diesem Standpunkt finden kann, ist das Ziel des kirchlich-spirituellen Weges. Dort angekommen verneigt sich jede Therapie und jede kirchlich-spirituelle Mystagogie und läßt Otto im Bereich dieser Begegnung mit seiner intimen religiösen Erfahrung, sagen wir es ganz einfach: mit seinem Gott allein.

So sind die kirchlich-spirituellen Möglichkeiten für Otto gewesen.

7. Beispiel:
„Ich beschwöre dich, liebes Kind: Heirate nicht mit dem Versprechen der Ewigkeit, sage nicht ‚bis der Tod uns scheidet'!"

Vom Fluch und Segen einer kirchlichen Ehe

Zur Zeit Jesu war die Lebenserwartung durchschnittlich halb so lang wie heute. Entsprechend war die durchschnittliche Ehedauer rund zwei Jahre. Ein antiker Bericht schildert das Begräbnis einer Ehefrau, die die 22. (!) Gattin ihres Mannes gewesen war und die seltsamerweise ihrerseits zuerst 22 Ehemänner überlebt hatte. Die „Trauergäste" jubelten dem „siegreichen Ehemann" zu. Für uns ist dieser Vorfall ein Hinweis für die Kürze einer Ehe und den raschen Tod zu dieser Zeit.

Gegenwärtig kann eine Ehe dreißig, ja locker auch vierzig oder fünfzig Jahre dauern. Also fünfzehn- bis zwanzigmal so lang als in der Antike. In spätmittelalterlichen Städten gab es vereinzelt schon Tauf-, Trau- und Totenbücher. Seit dem 17. Jahrhundert gibt es sie überall in Europa. Man kann daraus Einsicht in die Dauer von Lebensläufen gewinnen. Damals war die durchschnittliche Ehedauer etwa fünf Jahre.

„Für immer und ewig" oder „bis der Tod euch scheidet" meint gegenwärtig einen sehr langen Zeitraum, den gemeinsam zu durchleben, ganz andere Erfordernisse stellt als ehedem. Zwei bis fünf gemeinsam zu gestaltende Jahre sind einfach etwas anderes als dreißig bis fünfzig! Darüber hinaus ereignet sich in einer guten Ehe und Partnerschaft immer auch so etwas wie eine verdeckte Form von gemeinsamer Psychotherapie. Das ist eine sehr anspruchsvolle Chance, wenn sie aufgegriffen wird. Das alles ist der Hintergrund, den unser Beispiel zu seinem Verständnis benötigt.

Alles begann am Stadtrand von Salzburg mit einer Frau, die ihre ganz große Liebe gefunden hatte. „Das glaubst du nur!" sagten ihre Eltern und begannen, ihr den Geliebten auszureden. „Er trinkt! Siehst du das nicht? Wir wollen nicht, daß du unglücklich wirst!" Das kann man gut verstehen. Aber wie sollte die Frau das annehmen können? Sie versuchte es jedenfalls und heiratete dann einen anderen Mann. Der war solide, anständig, trank nicht und lieferte das Monatsgehalt pünktlich zu Hause ab. Ein wenig wirkte er wie ein Tolpatsch neben seiner nunmehrigen Ehefrau. Diese war tief gespalten. Obwohl ihrem Ehemann nichts vorzuwerfen war, so war und blieb er der „Mann zweiter Wahl, ein Tolpatsch!". Ihr Herz gehörte unveränderlich ihrem ersten Geliebten. Der heiratete unterdessen ebenso, bekam vier Kinder und steigerte sein Trinken. „Siehst du, wir haben es immer schon gesagt!" meinten die Eltern. Aber derlei Sätze beeindruckten die Frau nicht. Ihr Herz gehörte dennoch dem ersten. Das kostete sie einiges an „hinunterschlucken" und „nicht reden dürfen".

Ihre Ehe der zweiten Wahl war mit einem Priestersohn gesegnet. Auf ihn folgte eine Lieblingstochter und zuletzt ein Sohn –

„ganz wie der Vater". Er wurde Lehrer, konnte sehr gut handwerklich arbeiten, stand aber im Schatten seiner Geschwister. Er war eben ein wenig ein Tolpatsch wie sein Vater. Immerhin etwas Gemeinsames mit ihm. Das war eine Art von Ausgleich dafür, daß er auch dessen Geringschätzung in der Familie mit tragen mußte.

Dieser jüngste Sohn Helmut fand sich eine zarte Juwelierstochter. Margit absolvierte eben brav die Klosterschule und wollte Lehrerin werden. Man beschloß zu heiraten und tat dies kirchlich. Ganz so, wie es die Klosterschule und der Priesterschwager vorsahen. Der rechtliche Höhepunkt des Trauungsrituales war das Eheversprechen. An dieser Stelle pflegten den Brautmüttern immer die Tränen zu kommen. Die ganze Kirche wartete darauf und wußte, daß es bei den Worten „bis der Tod uns scheidet!" geschehen würde. Auch diesmal war es so. Das Eheversprechen ,in das Schluchzen der Mütter hinein gesprochen, blieb stets in den Ohren der nunmehrigen Schwiegertochter Margit. Es war ein unvergeßlicher, heiliger Augenblick der Bindung gewesen. Erst das Grab würde diese Bindung beenden. Irgendwie schien es, als sei sie blitzartig aus einer frühlingshaften Liebe zu einem eingezwängten alten Eheweib geworden. Die schönste Zeit des Lebens war vorbei.

So bekam sie mit ihrem Mann Helmut zwei Kinder, unterrichtete unverdrossen, half beim Bau eines Eigenheimes fleißig mit und versorgte auch noch den Lieblingshund ihres Gemahls. Alles paletti! Ein Vorbild für die Familienrunde der Pfarre war diese Familie! Ein gutes Beispiel für ein christliches Lehrerehepaar. Jubiläen gingen ins Land und Festreden ertönten für Margit und Helmut. Sie waren immer neue Variationen über den Gesamteindruck: „Alles paletti!"

Plötzlich, nach etwa siebzehn Jahren, rumorte es schmerzhaft in Margits Bauch. Es war ein gefährliches Myom, das sofort entfernt werden mußte. Die Narkose war von einem Dosierungsfehler begleitet, und von da an litt Margit in unzähligen Nachbehandlungen an den Folgen. Schließlich wurde sie arbeitsunfähig und schwer depressiv. Man schickte sie in Frühpension, und Margit begann unablässig nachzudenken: „Wieso bin ich nicht glücklich? Wieso fühle ich mich so einsam? Wieso verspanne ich mich total, wenn mein Mann mir nur ein wenig näher kommt?" Unter dem Druck von „bis der Tod euch scheidet" versuchte sie bei sich zu ändern, was immer sich therapeutisch ändern ließ: Die Depression wurde aufgelöst, die Arbeitsfähigkeit wiederhergestellt, die Sehnsucht nach einer gemeinsamen Wellenlänge mit ihrem Ehemann zum Thema vieler Sitzungen und Gespräche. Leider hatte es der Lieblingshund besser getroffen. Er brauchte nur den Mann anzublicken, und schon bekam er alle jene Zärtlichkeit und Zuneigung, die Margit nie bekam. Helmut konnte nicht erotisch zärtlich sein. „Da lief einfach nichts", sagte Margit zu ihrer einzigen Freundin. „Was soll ich nicht noch alles tun?" ärgerte sich Helmut. Er war verdrossen. Für soviel Arbeit, Umsicht und Unterstützung konnte man ihm doch seine müde erotische Klobigkeit nachsehen, oder?

So wurden die Abende einsam für Margit: Vor dem Fernseher saß der Mann mit dem zärtlich gekraulten Hund und surfte ohne Unterlaß durch die Fernsehkanäle. Im Schlafzimmer las die Frau dicke Romane, bis sie ermüdet die Augen schließen konnte. Die Distanz zwischen Margit und Helmut wurde unbemerkt immer größer.

„Leider kann ich ihm nicht klarmachen, worum es geht", klagte sie. „Er versteht mich einfach nicht! Ich nahm zur Geschichte von Jesus, Maria und Martha Zuflucht. Anknüpfend an den Bericht der Evangelien (Lk 10, 39 ff) versuchte ich ihm zu sagen: Auch mir kommt es nicht so sehr darauf an, daß du ein verläßlich organisierender Hausvater bist (wie Martha), sondern jemand, mit dem ich wirklich sprechen kann, weil er mir zuhört (wie Maria). Er verstand ‚Bahnhof‘. ‚Aber es waren ja zwei Frauen in der Geschichte‘ war alles, was er davon begriff.

Schließlich passierte etwas Unvermutetes: Ein bekanntes Ehepaar hatte eine Südamerikareise gebucht. Die Ehefrau konnte plötzlich nicht mitfahren, und so sprang ich einvernehmlich für sie ein. Vierzehn Tage lang hatte ich meinen Platz im Flugzeug wie im Autobus neben Günther, der obendrein ein Freund meines Mannes war. Ich kann gar nicht alles so erzählen, wie es wirklich war: Es war einfach so wunderschön, wie ich mir niemals erträumt hatte, daß es möglich sein könnte! Jetzt weiß ich, was Leben heißt. Jetzt weiß ich auch, was Glück heißt. Und jetzt ist mir auch sonnenklar, was Liebe sein kann im Gegensatz zu den fünfunddreißig Jahren, die ich ‚bis der Tod uns scheidet' mit meinem Mann zwangvoll zu verbringen versuchte. Was um Gottes willen, soll ich jetzt tun? Schon droht mir ein schauerlicher Rückfall in jenes depressive Loch, aus dem ich mich herausgearbeitet habe. Meine Pfarre, meine Kinder, mein Mann, dem ich nichts Böses vorwerfen kann, mein Priesterschwager, und alle meine Bemühungen um ‚bis der Tod euch scheidet' durchzuhalten, ... das alles steht wie eine Wand vor mir.

Ich bin zu meiner Schwiegermutter gefahren und habe ihr alles erzählt. Sie hat mich nur angeblickt und gesagt: ‚Ich habe wegen genau derselben Situation drei Herzinfarkte hinnehmen müssen. Ich kann dich verstehen!' Und dann noch hinzugesetzt: ‚Dein Mann ist ja doch mein Sohn: Willst du dich von ihm scheiden lassen?' Die Schwiegermutter hatte offen ausgesprochen, was ich im stillen auch nur zu denken fürchtete. Wie war das nur möglich?"

Was sagt die Therapie dazu?

Bei genauerem Hinsehen auf den prägnanten Punkt zeigt sich das Bild einer Klammer, die ein schweres Schicksal von zwei Familien zusammenhält. Diese Klammer ist die rituelle kirchliche Trauung. Besonders die Worte, die ein Versprechen über die gesamte Lebenszeit ausdrücken („bis der Tod euch scheidet"), haften allen Beteiligten im Gedächtnis. Über sie predigte der Priestersohn bei der Hochzeit seines jüngeren Bruders. Diese Worte waren es auch, die laut Religionsunterricht der Klosterschule „die Kirche nicht zögern ließ, lieber ganz England vom katholischen Glauben abfallen zu lassen und eine Katholikenhetze hinzunehmen, als dem König Heinrich VIII. die Scheidung von seiner rechtmäßig angetrauten Gemahlin zu gestatten".

Ein beeindruckendes Gewicht hatten diese Worte. Was sie zusammenbanden, das war gebunden. Für immer und ewig.

Denn: „Was Gott verbunden hat, soll der Mensch nicht trennen!" sagt Jesus (bei Mt 19, 6). Jedermann und jedefrau konnte bei dieser Verbindung durch Gott zusehen: Es war der Ritus der kirchlichen Trauung (und dem in der Hochzeitsnacht folgenden ehelichen Geschlechtsverkehr).

Wohin war das kirchliche Eheglück gekommen?

Daß schon die Schwiegermutter mit ihrem Ehemann zweiter Wahl durch diesen Ritus gebunden worden war (und nicht glücklich wurde), verhieß nicht unbedingt Gutes. Vielleicht kam es daher, daß sie zu ihrer Schwiegertochter Margit so überaus nett und verständnisvoll war?

Daß ihr Ehemann zweiter Wahl ein sehr strenger und ungerechter Vater gewesen war, jetzt im Alter aber als „Tolpatsch" eine tiefe Verbundenheit Helmut gegenüber empfand, springt auch ins Auge.

Daß schließlich das Unglück einer unauflöslichen Ehe sehr parteiisch war und hauptsächlich die Ehefrauen traf, während die Ehemänner „stets vor sich hin arbeitend" eigentlich zufrieden waren, wenn nur die Frauen sie in Ruhe ließen, war ebenso auffallend. Aber war das ein Glück?

Wo war nun eigentlich das Glück einer kirchlichen Ehe hingekommen? Gab es denn in dieser Großfamilie wirklich nur Unglück?

Immer dasselbe Problem:
Die große Liebe und der Mann zweiter Wahl!

Um diese Frage überhaupt stellen zu können, muß man ein stillschweigendes Gefühl für die Ganzheit der Familiengestalt in sich haben. Dann zeigt sich nämlich, daß nicht nur die Schwiegermutter einen wirklich geliebten Menschen zugunsten der unauflöslichen Ehe verlassen hatte. Auch die Schwiegertochter Margit hatte seit ihrer improvisiert entstandenen Südamerikareise

einen wirklich geliebten Menschen außerhalb ihrer Ehe zurück-
gelassen. Es war Günther, der Freund ihres Mannes, mit dem sie
erleben konnte, „was Leben wirklich bedeutet". Die Gesamtgestalt zeigt uns eine Familie, die aus zwei Generationen besteht:
Die Elterngeneration hatte ein Problem nicht gelöst – das des stillen ersten Geliebten der Schwiegermutter –, und die Kindergeneration (die zweite unserer Zählung) spiegelte dieses ungelöste
Problem getreu wider.

„Mit der Liebe dürfen wir nicht – ohne Liebe können wir nicht!"

Das verdeckte Geschehen dieser beiden Schicksale stellt sich
eigentlich als ein gemeinsames heraus. Es spiegelt in Gestalt
zweier Ehen immer dieselbe Aussage wider: Das wirkliche
Glück der Liebe liegt für die Frauen außerhalb der Ehe. Unsere
Ehemänner sind „zweite Wahl". Oder ganz einfach ausgedrückt:
„Mit der Liebe unseres Lebens dürfen wir nicht leben, und ohne
Liebe können wir nicht leben."
   Diese Situation bedeutet eine Störung des Gesamtsystems.
Die Ehefrau der ersten Generation bezahlt mit drei Herzinfark-
ten („Ich weiß genau, warum ich die bekam!"). Die Ehefrau der
zweiten Generation bezahlt mit einem Rückfall in die Depression,
als der Südamerikaurlaub mit Günther zu Ende gegangen war.
Dazu kam die immer drängendere Frage, ob nicht schon die
Krankheit, die zu Margits Frühpensionierung geführt hat, eine
Folge der unstimmigen Ehe gewesen war. War denn Helmut
wirklich frei gewesen? Hatte er sich von den Eltern verabschie-
det, um eine Frau zu nehmen? Oder war es nicht vielmehr so,
daß er mit Unterstützung seines Priesterbruders mit der Aufgabe
betraut wurde, seinerseits auch etwas „für die arme Mutter, die
einen Tolpatsch geheiratet hatte", zu tun? Der Priesterbruder tat
es mit Hilfe eines klerikalen Opferlebens. Der jüngste Bruder mit
Hilfe seiner Eheschließung zugunsten des ungelösten elterlichen
Problemes.
   Die Klammer, die dieses spannungsgeladene Familiensystem
zusammenhielt (und dadurch aber auch verhinderte, daß schon

die Schwiegermutter reinen Tisch gemacht hätte), war der Zwang zur Unauflöslichkeit der Ehe.

Unauflöslichkeit juridisch: „Was liegt, das pickt!"

Diese Unauflöslichkeit wird rein juridisch gesehen. Das ist wichtig, sich zu verdeutlichen. „Was (juridisch) liegt, das pickt!" ist die Maxime. Aber in der zwischenmenschlichen Realität ist die Sache ganz anders. Dort, wo wirklich geliebt wird, kann eine Bindung entstehen, die unbeschadet der rechtlichen Fixierung „von Gott verbunden" sein kann.

Das Herz fühlt nicht juridisch

Wer in seiner Lebensgestaltung rein juridischen Gesichtspunkten mehr Gewicht zu geben bereit ist als dem Vollzug des Lebens, der ist ein zwanghaft verengt strukturierter Mensch. Er hat zwar immer den Buchstaben des Gesetzes auf seiner Seite – im geschilderten Fall sind das die beiden Männer –, aber das ändert dennoch nichts an der Realität, daß ihrer beider Ehe angeknackst, ja vielleicht sogar von Anfang an schon gebrochen war. Das Hirn der Eheleute unseres Beispieles mag juridisch denken, das Herz aller Beteiligten aber nicht. Die persönliche, subjektive Form von Wahrheit läßt sich nicht mit juridischen Sätzen einfangen und zufriedenstellen. Deshalb wird Margit schwer krank, auch die Schwiegermutter, auch Helmut – er kämpft mit einem Krebsgeschwür –, nur der Schwiegervater bleibt vorerst glücklicherweise verschont.

Wirklich gesund und glücklich in dieser Großfamilie ist (wie so oft) der Hund. Er hat die Stellung, die Margit und ihre Schwiegermutter sich nur wünschen könnten, und bekommt, was er benötigt, im Übermaß.

„Bis uns endlich der Tod scheidet!" – ist es so gemeint?

Das Versprechen „bis der Tod uns scheidet" könnte in dieser Sicht zu einem Fluch werden. Etwa so, daß erst der Tod eines Ehepartners jene Freiheit schaffen würde, die zu seinen Lebzeiten aus Gesetzesgründen nicht möglich scheint. Das spüren auch die beiden Frauen und sprechen darüber mit ganz schlechtem Gewissen: „Es ist mir schon einmal der Gedanke gekommen, daß die Krebserkrankung meines Mannes ja auch zu seinem Tod führen könnte ...!" „Das darfst du nicht einmal denken ..." So läuft die Dynamik in dieser Familie, und in derartigen Äußerungen wird sie greifbar. Das bedeutet: Nachdem schon beide Frauen krank geworden sind, droht dasselbe Schicksal (vielleicht sogar bis zum Tod) den Männern. Alle Familienmitglieder sind gefährdet. Hoffentlich stoppt das Geschehen, ehe auch die Kinder mithineingerissen werden.

Diese Elemente einer Diagnose zu sehen bedeutet noch nicht, daß diese Dynamik wie ein unbeeinflußbares Schicksal sich auch so ereignen wird. Aber es droht Gefahr, und die katholische Sexualmoral verstärkt in diesem Falle den Unwillen, die Situation wirklich zu sehen.

Welche therapeutischen Möglichkeiten gäbe es?

Die Grundsituation dieser beiden Familien vorausgesetzt und nicht außer acht gelassen, ergeben sich für jedes Familienmitglied Chancen der Heilung.

Wenn wir mit Margit beginnen, so stellt sich für sie die Frage, was nun mit Günther und dem ganz tiefen Südamerikaerlebnis geschehen soll.

Es führt kein Weg zurück

Eines steht fest: Noch einmal einen Rückfall in schon überwundene Depressionen und Psychosomatosen zu riskieren, wäre ein

Irrweg der Therapie. Der Weg, Margits Probleme mit ihrem Mann isoliert zu lösen, ist schon beschritten worden. Deshalb bleibt gar nichts anderes übrig, als ein aufrichtiges Gespräch mit Helmut über eine Trennung zu führen. Auch über Günther müßte er unterrichtet werden. Es käme einem Verrat an der Beziehung gleich, wäre er der einzige, der von der Bedeutung der Südamerikareise nichts wüßte.

In diesem Augenblick würde sich die Gesamtproblematik von Helmut auf seinen Vater und auf Helmuts Mutter hin schieben und zuletzt den stillen ersten Geliebten der Mutter ans Licht bringen.

Die gefährliche Wahrheit des ersten Geliebten droht

Dieser Vorgang ist ein schwerer und vielleicht auch schrecklicher. Schließlich stehen fünfundvierzig Jahre eines gemeinsam zugebrachten Ehelebens auf dem Spiel. Zugleich auch fünfundvierzig Jahre eines Lebens im katholischen Glauben. Wie soll Helmuts Vater – der Mann zweiter Wahl –, wie soll Helmuts Mutter und auch Helmuts Priesterbruder das aushalten? Gerade letztgenannter ist zunehmend strenger und konservativer in seiner Gesamthaltung geworden. Für ihn sind Trennungen in der eigenen Familie inakzeptabel. Er wird die therapeutische Arbeit relativieren, ja vielleicht sogar als „vom Teufel eingegeben" bezeichnen. Schließlich stehen ja auch seine eigenen zwanzig Priesterjahre samt unzähligen Predigten und Katechesen zum Thema „Scheidung" und „Unauflöslichkeit" auf dem Spiel. „Habe ich mich derart geirrt?" wird er empört fragen. „Hat sich die Kirche derart geirrt?" wird die nächste Fragestellung sein.

Behutsame Wahrhaftigkeit

An dieser Stelle wird die Haltung des Therapeuten/der Therapeutin einer Probe unterzogen. Gefährlich wäre es, in der Therapie nicht mehr auf eine gute Lösung zu hoffen. So zu fühlen und so zu intervenieren, als ob es nicht mehr möglich wäre, den fast abgeknickten Kontakt zwischen den beiden Eheleuten wieder zu schienen und zum Zusammenwachsen zu bringen. Wenn die auf Trennung hinschiebende Dynamik auch den Therapeuten oder die Therapeutin erfassen würde, wäre es schlimm. Dann wäre eine Chance verspielt. Es ist daher wichtig, das unmöglich Scheinende zumindest für ein bißchen möglich zu erachten. Es ist der kleine Spalt an Hoffnung, der dadurch in die Therapie einfließt und den Familien Mut machen wird, ein gute Lösung zu suchen. Diese könnte in einem Neubeginn auf einer tieferen Ebene oder in einem Abschied voneinander bestehen.

Ein schicksalhaft eingeklemmter Glaube?

Die ganze Wahrheit dieser Familien im Blick wird vermutlich noch das eine oder andere bislang nicht veröffentlichte Familiengeheimnis ausgesprochen werden müssen. Die mißachteten Ehemänner könnten daraufhin zu ihrer Würde und Anerkennung kommen, und erst dann wird sich überhaupt zeigen, ob diese beiden Familien vom katholischen Glauben bestimmt waren oder nicht doch vielmehr von einer Schicksalsdynamik, die irgendwie durch die katholische Sexualmoral zusammengeklammert worden war.

So stellt sich nicht nur für den Priesterbruder, sondern auch für alle anderen Familienmitglieder die Frage nach ihrem Glauben. Was heißt „glauben"? Was heißt „lieben"? Was heißt „leben"? Und: „Warum sind wir katholisch – weil es bei uns so dem Herkommen entsprach?"

Was sagt der Glaube dazu?

Alles könnte durch ein Wort Gottes für Margit und Helmut heilsam werden.

Der christliche Weg enthüllt schrittweise die volle Schönheit und Kraft der zeugenden familiären erotischen Liebe. Das geschieht für jeden Suchenden anders, aber für Margit und Helmut knüpft dieses Geschehen an die zuletzt formulierten Fragen an.

„Was heißt glauben?" Was immer die beiden Familien antworten werden: Es gibt ein Wort Gottes für sie, an dem sie sich wie an einem orientierenden Seil entlanghanteln können. „Du (Jesus) hast den guten Wein bis jetzt aufbewahrt. Dies wirkte Jesus – als Anfang der Zeichen – zu Kana in Galiläa. Und aufschien SEINE Herrlichkeit. Und seine Jünger glaubten an IHN" (Jo 2, 10.11).

Die göttliche Enthüllung von „Hochzeit und Herrlichkeit"

Über Hochzeiten, Familienstrukturen (und alle Problemstellungen) strahlt das Geschehen der Hochzeit zu Kana in Galiläa. „Und die Mutter Jesu war dort. Aber auch Jesus und seine Jünger waren zur Hochzeit geladen. Und da es an Wein mangelte, sagte die Mutter Jesu zu ihm: ‚Keinen Wein haben sie.'"(Jo 2, 2.3).

Alles fing mit einem Hochzeitsgeschehen an. Sofort gab es Probleme. Am Ende aber wurde Gottes Herrlichkeit sichtbar, und daraufhin entstand Glaube.

Der volkskirchlich traditionelle Glaube ist ohne SEINE Herrlichkeit. Dieser Glaube ist eine klug-angepaßte Verhaltensweise, besonders in ehemals katholisch beherrschten Gebieten.

Es mag vielleicht aufs erste ein wenig simpel, ja künstlich erscheinen, den Text der Hochzeit zu Kana (Jo 2, 1–12) als eine Formel des Ehe- und Familienverständnisses zu nehmen. Sicherlich gibt es auch vielerlei andere Möglichkeiten. Aber der gläubig-spirituelle Weg ist keiner unter anderen auch. Für Menschen, die ihn versuchen, ist er der Weg, der in sich der realste ist und die endgültige Beleuchtung auf die vielen möglichen Familiengestaltungen wirft.

Mystagogie – die Kunst der Hin-Weisung

Der Mystagoge wird subjektiv sich vom Glauben und vom Wort Gottes, das er selber vernimmt, treiben lassen. Die beiden Familien können, wenn sie sich von ihm oder ihr einweisen lassen, sich in dieser Weise führen lassen. So kommen sie vor die Frage, ob sie „SEINE Herrlichkeit" schon erfahren haben. Und wie? Es könnte sein, daß sie links von ihnen allen aufgeschienen ist, und sie haben intensiv nach rechts gestarrt. Auf jene Seite, wo sich nichts von Belang ereignete.

So werden alle zusammen Schritt für Schritt auch zur Frage kommen, wo es ihnen allen „an Wein mangelte". Jetzt hängt alles davon ab, ob es möglich ist, die Pracht eines Weinkruges spüren zu können. Es ist eine ganz ähnliche Weise der sinnlichen Erfahrung wie die der körperlichen Pracht eines Ehepartners oder die des zarten Körpers eines Kindes. Die innere Berührung, die dabei wahrgenommen werden mag, darf nicht übersehen oder übertönt werden. Sie führt zur Erfahrung der Bindung durch erotische Liebe.

Diese Bindung ist für Jesus mit dem „Uranfang" oder dem „Ursprung" verknüpft, aus dem Sekunde für Sekunde das Ereignis einer familiären Partnerschaft entspringt. Dieses Ereignis ist also kein historisches, so als läge der Uranfang ganz hinter uns auf der Zeitlinie. Der Ursprung ist stets „jetzt" und stets „darunter alles entspringen lassend. Auch die Liebe und auch die Ehe." Das spüren zu können und dazu einen Kontakt zu finden, ist an sich schon ein heilender Vorgang.

Die katholische Sexualmoral als Anpassungsvorgang

Die Kirche hat jahrhundertelang einfach die gesellschaftlichen Regelungen für Erotik akzeptiert und etwas im Sinne Jesu adaptiert. Aber sie hat immer familiäres Leben als etwas Heiliges (= Sakramentales) angesehen. Dabei blieb sie im wesentlichen auch gegenüber allen Abwertungen ideologischer oder sittlicher Art unbeirrbar. Das hat wiederum mit dem „Ursprung" zu tun, der am „Uranfang" des Weltprozesses steht und der bis zur Stunde diesen Prozeß trägt, aushält und will.

Das Kirchenrecht sieht die Ehe praktisch

Dem praktischen Sinn römisch-lateinischer Juristen lagen aber personale Überlegungen fern. Sie scheuten das Subjektive, einmalig Persönliche und hielten sich lieber beim beweisbaren Objektiven auf. So wurde aus der inneren Unauflöslichkeit einer erotischen Beziehung eine lediglich äußerliche, festschreibbare: Eheversprechen und Geschlechtsverkehr – freier Willensentscheid vorausgesetzt – machten die Ehe und banden sie.

Jede Praxis kann sich im Bewußtsein einnisten

Diese äußere Klammer haftet im Bewußtsein. Sie hielt die beiden Familien fest. Sie war ihr gemeinsam aufrechtzuerhaltendes Tabu und auch der Erweis ihrer Glaubenstreue. Neben der Angst vor der schlechten Nachrede war es vor allem die Angst, den Ehepartner zu verletzen, die verhinderte, daß die entscheidenden spirituellen Fragen zugelassen wurden.

Vom beschränkten zum entschränkten Bewußtsein

Deshalb muß der Mystagoge den Familien helfen, zu dem „Uranfang" – er ist jenes „Nichts", aus dem ununterbrochen alles entspringt – erfahrungsmäßig vorzustoßen. Die Worte des Gebetes oder auch die Worte der Hochzeit von Kana wirken wie Entschränkungsformeln. Was bisher der Einsicht oder dem Bewußtsein verwehrt war, das ist jetzt möglich zu denken und zu fühlen. Vielleicht auch zu wollen. Aber man muß sich von den geheiligten Worten in die Freiheit und in die Tiefe führen lassen.

So zeigt sich dann, daß „Unauflöslichkeit" etwas ist, das im Laufe eines Lebens verstanden, ermöglicht und verwirklicht werden muß. Es ist wie ein Licht, dem Margit und ihre Familie folgen können. Es ist ein Licht, das aus dem Ehegesetz heraus der Familie leuchtet. Und das Ehegesetz ist ein Schutz, der um die Liebesbeziehung der Familie gelegt wurde. Die Ehe ist für die

Menschen da, nicht die Menschen für die Ehe. Mißverständlicherweise kann Unauflöslichkeit auch als geforderter sittlicher Wert verstanden werden, der von vornherein schon gegeben ist und bloß festzuhalten wäre. Das wirkt wie eine Verwässerung der Evangelien.

Alles braucht wirklich seine Zeit

Bei näherem Zusehen aber ist es noch ein anderer Vorgang: Nichts ist den beiden Familien so gegeben, daß man es einfach als sittliche Selbstverständlichkeit von ihnen fordern dürfte, weder die sittlichen Grundhaltungen noch die Verwirklichung des Evangeliums. Sie benötigen Zeit für einen Prozeß allmählicher Entwicklung, des Begreifens von „Unauflöslichkeit" und der Bedeutung, die dieser Wert für sie und ihre Familie hat. Irgendwann einmal wird die Familie zu ihrer Form von Unauflöslichkeit vorgedrungen sein.

Unauflösbarer Schaden?

Ebensogut aber ist es möglich, daß die gemeinsame Verwirklichung mehr Schaden stiften würde als Nutzen. Dann muß eine Korrektur möglich sein. Diese kränkt das Selbstwertgefühl – also das von Margit, Helmut und den Schwiegereltern.

Spirituelle Worte sind für den Vollzug gesprochen

Es könnte für alle ein Trost in den Worten Jesu liegen: „Meine Stunde ist noch nicht gekommen" (Jo 2, 4). Diese Worte müssen ihnen zugesprochen werden, um zu ihrer vollen Auswirkung zu kommen. Sehr oft sind erstaunliche Wirkungen zu beobachten, wenn auch nur der Mystagoge sich Gott überläßt. Dann wird vielleicht auch spürbar, daß es nicht jederzeit möglich ist, das Wasser unseres so vielfältig gesteuerten Lebens zu köstlichem

Wein zu transformieren. Helmut und Margit werden vielleicht warten müssen. Und das wird nicht nur bei der „Unauflöslichkeit" so sein, sondern rundum bei allen großen Themen, die ihnen zu leben aufgetragen sind. Das beginnt bei der Suche nach Integration der Person und endet bei „Glaube, Hoffnung und Liebe". Dazwischen liegt alles, was wichtig ist: Verantwortung, Weitergabe des Lebens, Lebensführung, Treue, Verläßlichkeit, Güte, um einige Beispiele zu nennen.

Warten auf die große Transformation

Irgendwann wird Jesus zu ihnen sagen: „Schöpft jetzt und bringt dem Oberschenk!" Der wird dann aber sehr staunen. Wir alle werden staunen, und auch Margit, Helmut, Günther samt den Schwiegereltern werden dabeisein. Es gibt nämlich keine fixen Regeln, an die Gott sich gebunden hätte, wenn es darum geht, die Problemwasser unseres Lebens in Wein zu wandeln. Das zu spüren, sich danach auszustrecken und sich daraufhin wach zu halten, das ist für alle Betroffenen ein Akzent spiritueller christlicher Übung.

Ein weiterer wird die Annahme des Scheiterns und die wechselseitige Bitte um Vergebung sein müssen. Wie immer die Lösung der Familienprobleme sein wird, auf jeden Fall werden Margit und Helmut und auch das Elternpaar, irgend jemandem etwas schuldig bleiben. Es gibt keine Möglichkeit, die Unschuldstracht einer Erstkommunikantin beizubehalten. Deshalb wendet sich der christliche Weg nicht an Vollkommene oder Weiterentwickelte oder Geläuterte, sondern an das „gewöhnliche Volk". An „Zöllner und Sünder"(Mt 9, 11 par). zum Beispiel. Das sind Menschen, die ganz genau wie Helmut, Margit und die Schwiegereltern Probleme zu lösen hatten.

Die Einsicht in ihren spirituellen Grundstandort „ganz unten" an der Basis der pharisäischen Moral-Hierarchie erleichtert ihre Befreiung von falschen Lösungsansprüchen. Worum es wirklich gehen wird, ist, ihre Kräfte dafür zu verwenden, um Schulden auszugleichen, um Vergebung zu bitten und eine gute Lösung im spirituellen Sinne zu suchen. Erleichtert dürfen sie alles andere hinter sich lassen, um für das große Risiko einer Trennung bereit zu sein. Schließlich sind drei Familienmitglieder krank und die beiden Männer in Gefahr.

Alle diese Sätze sind Hinweise. Was wirklich passieren wird, wenn Helmut, Margit, Günther und die Schwiegermutter sich auf den Weg machen, können wir nicht wissen.

Inzwischen: Eine bessere Orientierungshilfe zum Thema „Erotik"

Was wir aber inzwischen herausfinden können, ist eine bessere Formulierung der „sieben Prinzipien einer katholischen Sexualethik". Zur Orientierung der Großfamilie hätte es einen Sinn, sie ausdrücklich zu formulieren und Margit für alle anderen Familienmitglieder zu übergeben.

„Für Margit, Helmut, Günther und die Schwiegereltern.

Prinzip 1: Erotik ist eine Widerspiegelung des göttlichen Liebesschwunges, aus sich heraus alles zu schaffen.

Prinzip 2: Sexualität und Erotik sind als Phänomen heilig. Deshalb verdienen sie respektiert sowie freiwillig und verantwortlich gelebt zu werden.

Prinzip 3: Seit der „Pille" sind wir in der Lage, Zeugung und gegenseitigen erotischen Kontakt zu trennen. Während es jahrtausendealte Erfahrungen mit der Zeugung gibt, mangelt es an der erst so jungen Kultur der Erotik (von Ausnahmen abgesehen). Sie zu entwickeln ist eine dringende Aufgabe,

Prinzip 4: Was Erotik und Sexualität moralisch schlechtmachen könnte, sind: unverantwortlicher Gebrauch, Zwang, Nichtachtung des heiligen Gesamtphänomens.

Prinzip 5: Die erotische Entwicklung ist die Basis der Gefühlsentwicklung. Erotische Reife und menschliche Reife gehen Hand in Hand.

Prinzip 6: Die Familie ist die älteste Institution auf erotisch sexueller Basis. Ihre Ordnung in Liebe zu wahren ist eine Sache; darüber hinaus für viele unterschiedliche Ausdrucksformen Ordnungen zu entwickeln eine ausstehende zweite.

Prinzip 7: „Liebe und tu, was du willst!" ist die eine Grundre-
gel. Die zweite ist ihr gleich zu achten: „Du mußt dein Tun vor
Männern, Frauen und Kindern verantworten können, denn der
Mensch ist dreifaltig dialogisch existent."

F. Problemfelder der Kirchenkrankheit

Wie auf einem Fußballfeld stehen oft anzutreffende Problem-figurationen, die zu psychischen Schäden führen können, aufge-stellt. Natürlich müssen sie nicht unbedingt zu Schäden führen. Das ist auseinanderzuhalten. Man wird an Warntafeln „Achtung! Unfallstelle!" erinnert. Auch dort muß es nicht jedesmal zu einem Unfall kommen. Mit Vorsicht und etwas Glück ist die Stel-le durchaus gut passierbar. Unsere Aufgabe ist lediglich, die Hin-weistafel einmal mehr anzubringen und zu beschreiben.

I. Von der Jungfräulichkeit (um des Himmelreiches willen) bis zum Pflichtzölibat der Kleriker

8. Beispiel:
Leiden statt lieben! Luise Rinsers „Gratwanderung" mit P. Karl Rahner, SJ

„Der Orden sollte stolz auf Rahner sein …"

Luise Rinser ist eine bekannte katholische Schriftstellerin. Im Alter gab sie ihre „Briefe der Freundschaft" an Karl Rahner her-aus. Wir verdanken ihrem Mut ein reichhaltiges glaubwürdiges Material einer blockierten Situation. Der Grund der Blockade ist die Auswirkung eines katholisch-moralischen Zentralsymbols. Es ist zweistufig gebaut: Auf dem „Jungfräulichkeitsideal" („Eunu-chen um des Himmelreiches willen", vgl. Mt 19, 12) baut die mit der Priesterweihe geforderte Ehelosigkeit (Zölibat) der Kleriker auf. Luise Rinser liebte zwei Ordensmänner, die zugleich Priester waren. Einer war ein Benediktinerabt, den sie M. A. nennt. Der andere war der weltbekannte Konzilstheologe Prof. Karl Rahner S. J. Das ist die Ausgangssituation.

Da ihre Briefe (bei Kösel, München 1994) öffentlich zugäng-lich gemacht wurden, berufen wir uns auf sie und zitieren aus ihnen.

Sie schreibt dazu im Vorwort: „Über meine Briefe kann ich frei verfügen. Da sie vielfach Antworten sind auf Rahners Briefe, vermitteln sie, was er mir schrieb ... Ich meine, der Orden sollte stolz darauf sein, einen nicht nur theologisch, sondern auch menschlich so großartigen Mann in seiner geistigen Ahnenreihe zu haben. Denn man muß schon ein sehr großes Format haben, um als Zölibatär zu wagen, was er wagte: eine Frau zu lieben und an dieser Liebe tief zu leiden. Aber warum das verschweigen? Warum nicht zeigen, wie ein Zölibatär eine Frau lieben kann, ohne als Ordensmann zu scheitern, im Gegenteil: daran zu wachsen? ... Ich bin mir bewußt, welches Wagnis ich damit eingehe. Nicht als gehe es um Skandalöses. (Das, was heutzutage innerhalb der katholischen Kirche um den Pflichtzölibat geschieht, durch Schuld der Kirche, ist tausendmal skandalöser als das, was zwischen Rahner und mir geschah.)" (A. a. O. 8)

Luise Rinser befindet sich schon zu Beginn ihrer Veröffentlichung in der Defensive. „Rahner war Jesuit, und sein Orden erlaubt die Publikation seiner Briefe nicht, obwohl ich die rechtmäßige Besitzerin bin ... ‚Bei dir sind sie wohl verwahrt.' (sagte Rahner). Verwahrt, wozu? Wenn sie nicht publiziert werden sollten ... was sollte denn sonst geschehen?" (7)

Es ist typisch, ja fast immer so, daß man eine Zone der Abwehr durchbrechen muß, wenn man an die Realität zölibatären Lebens herankommen will. In der Therapie nennt man das einen „Widerstand". Der so geschützte Bereich ist entweder sehr kostbar oder sehr schwierig zu akzeptieren. Hier scheint das zweite zu überwiegen.

Und so begann die Begebenheit: Luise Rinser war zweimal geschieden und zuletzt mit dem Komponisten Carl Orff verheiratet gewesen. Sie stand am Höhepunkt ihrer beruflichen Karriere. Es war gerade Konzilszeit (1962), und die gesamte katholische Welt blickte gespannt nach Rom. Da erhielt Rinser von einem Moraltheologen die Einladung, in einem Sammelband etwas über „die spezifische Art der Askese der Frau" zu schreiben. Da Rahner der Co-Autor des Sammelbandes war, konnte sie ihn um „Rat und Hilfe bitten. So schrieb ich ihm denn, ob ich ihn in Innsbruck besuchen könne. Kaum war mein Brief fort, wollte ich ihm einen zweiten nachschicken. Ich wollte um Entschuldigung für die Belästigung bitten, er habe natürlich keine Zeit, und ich zöge meine Bitte zurück. Doch schon war seine Antwort auf den ersten Brief unterwegs: er erwarte mich also am 27. Februar (1962) mittags an der Pforte des Jesuitenkollegs, Sillgasse, 6, in Innsbruck.

Ich erwartete einen hochgewachsenen, hageren, strengen Mann, der mir eine halbe Stunde Audienz gewähren würde. Vor zwölf Uhr schon öffnete sich die Pforte. (Immer waren wir beide überpünktlich, so daß unsere Treffen im Laufe der Jahrzehnte immer früher sich ereigneten als abgemacht.)"

Schon der Beginn dieser Liebesgeschichte zeigt das Hin und Her bei Luise Rinser (Bitten/Rücknahmen) und dann das Angezogensein voneinander. Da kommt Rahner früher aus der Klosterpforte (obwohl er Rinser noch gar nicht kennt), und da steht natürlich Rinser schon vor der Zeit und wartet. Ein Phänomen, das sich immer wieder ereignete, ja sich noch über die Jahre verstärkte. Auch sie kannte ihn nicht. „Der berühmte Jesuit: er war klein und unscheinbar, er trug unterm Arm zusammengeknautscht einen Regenmantel, und an der Hand eine Mappe. Wir schauten uns an, dann fragte er: ‚Und wohin gehen wir jetzt?' Ich sagte ebenso trocken: ‚Zum Essen im Grauen Bären.' Der ‚Graue Bär', er wurde unser Treffpunkt für viele Jahre. Wir gingen also essen, und der Ecktisch wurde später immer für uns reserviert." (9)

Das liest sich so, wie wenn jemand Regie führte. Aber wer nur ist der Regisseur? Die Bühne jedenfalls ist nun bereitet, jetzt kann das Stück beginnen. Da ist es auch schon.

„Und was redeten wir? Nun: Über die Ursache meines Kommens. Ein theologisches Gespräch. Aber war ich wirklich deshalb, nur deshalb gekommen? Es war die Zeit meiner tiefen verworrenen Leiden um M. A. Ich sprach einem Zölibatär, einem Ordensmann, von meiner Liebe zu einem andern Zölibatär und Ordensmann. Rahner hörte zu (mit einem Ohr, denn auf dem andern war er taub seit seinem Kinder-Scharlach). Und dann fragte er trocken: ‚Ist das (diese Liebe) exclusiv?' – ‚Ja' sagte ich. Dieses ‚exclusiv' war später Ursache zu Rahners großem Leiden. Er wußte von der ersten Stunde an, daß es einen Mann gab, den ich ‚exclusiv' liebte. Kein Geheimnis … Konnte ich denn zwei Männer lieben? Auf verschiedene Art lieben? Wir glaubten, ‚beides‘ gehe. Liebte ich denn Rahner? ... Er tauchte in meinem Leben auf just in dem Augenblick, in dem mich der dritte, M. A., entsetzlich quälte, von seiner klerikalen Vergangenheit eingeholt, mich zurückstieß, sich wieder näherte, um das Spiel von neuem zu beginnen mit immer höherem Einsatz. Da nun kam Rahner, und gab mir, was der andere mir vorenthielt: Wärme, brüderliche Nähe, scheue Zärtlichkeit, und unauffällige, aber authentische spirituelle Führung ... Er schrieb schöne Briefe, fast täglich, manchmal fünf Briefe am Tag, und seine jesuitische Erziehung und Selbstkontrolle wurde langsam überwachsen von seiner tiefen, warmen Menschlichkeit. Er ‚blühte auf‘ ... ich hielt mein Gefühl für Liebe und war so unvorsichtig, diese Liebe Rahner zu zeigen ... Aber schließlich brach die dünne Eisdecke ein, die sich über meiner großen Liebe zu M. A. gebildet hatte, und ich sah, daß ich nur ihn lieben konnte mit jener Liebe, die ‚exclusiv‘ ist ... Rahner erlebte das. Er fühlte sich von mir verraten und tief verletzt ... Ich war das Weizenkorn, das zwischen den Mühlsteinen gemahlen wurde.

Ich litt. Rahner litt. M. A. litt. Was für eine unerträgliche Situation, was für eine unlösbare Aufgabe." Rahners Mutter und die Ordensoberen beschworen Luise Rinser, sich von Karl Rahner zurückzuziehen; einige Jahre später starb er, und „ich hörte seine Stimme durchs Telefon wenige Stunden vor seinem Heimgang" (10.11). Soweit Rinser.

Journalisten wollten es genau wissen und suchten nach M. A. Sie fanden ihn schließlich in einem Altersheim bei Bonn. Er war inzwischen über neunzig Jahre alt geworden. Auf die Fragen der Journalisten sagte er: „Ja, ich erinnere mich. Die Frau Rinser hat zeitweilig für mich geschwärmt. Wollen Sie einen Text der Rede haben, die ich auf dem Konzil gehalten habe?" Das war's dann. Das war der Mann, den Luise Rinser fast zwanzig Jahre ihres Lebens liebte und liebte und wiederum liebte. So sah derjenige aus, für den sie Karl Rahner ausschlug.

Karl Rahner erlebte die Höllen einer verzehrenden Eifersucht, konnte nicht und nicht akzeptieren, daß Luise ihm Freundschaft, nicht aber „exclusive" Liebe zu geben bereit war, und wäre offensichtlich fest entschlossen gewesen, im Falle eines Ja-Wortes mit ihr sein Leben zu teilen.

M. A. kam oft in Rinsers Villa in Rocca di papa. Er feierte Hausmessen in der kleinen Kapelle. Einige Benediktinerpatres halfen als Chauffeure oder Bücherboten aus … und Luise hatte nun (anstelle Rahners) einen großen Hund angeschafft, der ihre Einsamkeit teilte. Sie wurde zunehmend von Migräne und Depressionen geplagt. Rahner nur von Depressionen. Von M. A. ist dergleichen nicht bekanntgeworden.

Rahner hatte vor allem Mühe, mit sich fertig zu werden. Rinser erfand immer neue Versionen theologischer Begründungen für dieses Dreieck, das sie alle gebunden hielt. Sie hat viel Überzeugungsarbeit zu leisten, denn von sich aus wirken sie allesamt wie intellektuell-künstliche Konstrukte. Seltsamerweise geht es immer mehr darum, wer von Gott mehr zu leiden auferlegt bekommen habe. Auch wird Gott unterstellt, es sei der Sinn dieser dreiseitigen Liebesbeziehung, daß man daran leiden müsse. Schließlich wird alles etwas irreal. „Schau", schreibt sie an Rahner, „wenn M. A. und ich verheiratet wären, und M. A. habe mich eine Weile verlassen, und ich habe Dich geliebt, zwar wirklich, aber doch mit dem Wissen, daß der Ehemann das erste Recht hat, und er wäre zurückgekehrt – was müßte ich dann tun? Sag selbst. Und was könntest Du mir noch sein? Der Freund, der zweitnächste Mensch. Es ist so. Es ist nicht nur so ‚als ob', sondern es ist die reale Situation. Damit müssen wir fertig werden.

Ist es nicht auch für mich hart, nicht einfach Deine Liebe zu leben, da Du mir soviel gibst, während M. A. mich äußerlich so ‚kurz hält' meistens? Laß mich doch treu sein.

Ich bet' für Dich. Eine Novene zum Heiligen Geist." (274.275)

Was sagt die Therapie dazu?

Eine Leidensmelodie

Wir müssen bei unserem Diagnoseversuch von der Perspektive Rinsers ausgehen. Sie hat ihre Sichtweise in dem veröffentlich-

ten Briefwechsel deutlich gemacht. Diese Sichtweise ist aber nicht unbedingt die der Psychotherapie. Diese ist für den Diagnoseversuch relevanter. Folgendes ist zu sehen:
Rahner leidet. Rinser leidet. M. A. leidet.

Diese Leidensmelodie wird wechselweise immer dann angestimmt, wenn die Situation zu einer klaren Entscheidung und zu einer gelebten und vollzogenen Erotik hingeführt hätte. „Hätte" ist die Möglichkeitsform. Wir dürfen fragen, wieso nicht „hat"? Es kann gute Gründe für das „hätte" geben, jedoch ist zu bedenken: Der Mensch ist ein Ausdruckswesen. Alles, was jemand nicht ausdrückt, droht ihn selber niederzudrücken. Der Nicht-Ausdruck einer wichtigen „inneren Gestalt" einer Person muß eher begründet werden als der Ausdruck. Die Begegnung Rinser–Rahner ist ohne Zweifel eine wichtige innere Gestalt für beide gewesen.

Wieso hat Rinser (von Rahner „Wuschel" genannt) ihren „Fisch" (Luisens Kosename für Rahner) nicht einfach in den Arm genommen und geliebt? Beide waren menschlich und intellektuell gereifte und erfahrene Menschen. Rahner wirkt darüber hinaus wie jemand, der ausgehungert war nach der konkreten Begegnung mit einer liebevollen und ihm ebenbürtigen Frau. Aber eben mit Erotik inklusive.

Wieso, müssen wir fragen, hielt Luise einem literarisch abgekürzten Gespenst – M. A. – so unverbrüchlich die Treue? Sie, die sie bereits zwei Ehen hinter sich und einen Sohn großgezogen hatte, war alles andere als menschlich „naiv".

Das (typische) schlechte Gewissen

Wieso, müssen wir weiter fragen, interpretiert sie gegen Ende der „heißen Phase" ihrer Beziehung zu Karl Rahner schuldbewußt? „Wenn ich mir jetzt die Schuldfrage stelle, in aller Brutalität, dann muß ich sagen: Ja, ich finde, ich habe einiges getan, was ich nicht hätte tun sollen; wegen Dir, wegen M. A. und grundsätzlich, Du verstehst. Und daß Du mich nicht davon abgehalten hast, rechne ich Dir zur ‚Schuld' an … Aber ich liebe

M. A., so sehr, weil er mit aller Härte vermied, den Kreis zu übertreten, der uns vorgezeichnet ist. Es ist hart für Dich (auch für
mich), etwas, das so schön war, jetzt doch als etwas, das so nicht
hätte sein sollen, zu betrachten ... Ich habe also, klipp und klar
gesagt, ein schlechtes Gewissen, und darüber komme ich nicht
hinweg ... ich büße dafür eben mit mancherlei." (271)

Auch für ihren Rahner-Fisch sieht Rinser jetzt die Situation
radikal anders: „... Denn es ist gewollt, daß Du den Becher
menschlichen Schmerzes trinken sollst. Das Mysterium des Kreuzes ist das, wenn ich so sagen darf." (305)

Plötzlich also hat sich die Anfangssituation einer berührend-
flüssigen Begegnung im „Grauen Bären" zu Innsbruck in das
schiere Gegenteil verwandelt: Alles stockt: Die wirkliche Liebe
ist die zum unerreichbar abwehrenden M. A. Die „verbotene"
zum menschlich so nährenden und zugänglichen Karl Rahner.
Und in der Villa zu Rom sitzt eine depressive Luise mit dem
großen Hund und sinnt über das „Mysterium des Kreuzes" nach,
um diesen Vorgang zu begreifen. Man kann verstehen, daß
Rahner verzweifelt den ursprünglichen, liebevoll, flüssigen Strom
ihrer beider Begegnung sucht. Aber die Macht von Rinsers Inter-
pretation hat das vorletzte Wort. Das letzte spricht M. A. zu den
Journalisten. Es ist das Wort eines klerikalen Triumphators über
Frauenliebe: „Sie" hat für mich „geschwärmt". Im Angesicht der
zwei Jahrzehnte während gegenseitigen Bemühung wirkt dieser Satz wie eine freche Verhöhnung. Wie eine Tötung von
allem Lebendigen und Berührenden zwischen Luise und M. A.

Die Therapie würde die Reihe dieser Umdeutungen eine
rationalisierende Abwehr nennen. Aber wogegen? Was ist so
gefährlich? Was darf einfach nicht wirklich wahr sein?

Was nicht mehr wahr sein darf, ist Rinsers Einsicht in eine
kirchliche Fehlentwicklung im Zusammenhang einer europäischen Fehlentwicklung. Sie betrifft das Zentralsymbol für die
kirchliche Sexualmoral (die auch eine traditionell europäische
ist). „Jungfräulichkeit und Zölibat!" Diese Einsicht hat sehr persönliche Folgen für sie: Die gesamte Qual der unerfüllten Liebe
zu M. A. beruhte auf einer nicht notwendigen Idealbildung
„Jungfräulichkeit". Sie ist altehrwürdig, gewiß, aber ist sie christ-

lich? Ist sie heute aktuell? Die jäh hereingebrochene Liebe zu Karl Rahner macht das nochmals deutlich: Wozu seine Qual? Wozu ihre Qual der unausgedrückten Zärtlichkeit? Wieso koppelt ohne wirklich theologisch-biblische Notwendigkeit die römische Kirche Priesteramt und Zölibat? (Von Ausnahmen abgesehen.)

Rinser beschreibt das schon klar im allerersten Brief, um später immer deutlicher zu werden:

„Nun aber überfällt mich plötzlich ein derartiger Zorn auf die ganze Theologie, daß ich es ihnen sagen, nicht schreiben muß. Mir ist, nachdem ich mich lange mit der Frage der Jungfräulichkeit beschäftigt habe, Verschiedenes aufgegangen.

1. Daß diese ganze Frage – wie die gesamte Theologie – vom Manne aus gesehen ist, nicht vom Menschen aus.

2. Daß eine Theologie, die am Leben vorbeiredet, nichts taugt, denn auch Christus redete immer zum Leben … Jedes seiner Worte ist ,brauchbar‘, ,verstehbar‘ auch für den ,kleinen Mann‘.

3. Daß die Theologie der Jungfräulichkeit nichts anderes ist (ich meine die Überschätzung der Jungfräulichkeit) als Sucht

a. nach einer Bestätigung und Erhöhung des eigenen Wesens, des eigenen jungfräulichen Standes zuungunsten der anderen (also Hochmut);

b. nach der Bildung eines exclusiven Standes: ,Die Priester-Kaste‘ oder der Zirkel der ,Höchst-Eingeweihten‘. (Ich verallgemeinere, das ist schlecht, aber auch richtig. Ich kenne natürlich ganz wunderbare Priester auch!!)

So werden die jungen Leute im Germanicum (= deutsches Elite-Priesterseminar in Rom) erzogen, und so soll ich meinen Sohn erziehen lassen? In diesem Hochmut, dieser Lieblosigkeit, diesem manichäisch-gnostizistischen ,Ideal‘? Welche Verantwortung auch für mich." (15.16)

Später schreibt sie ergänzend: „(Der Zölibat) gehört wesentlich in eine historische Epoche, in der man Welt und Gott trennte, und in der das asketische Ideal triumphierte. Aber heute ist das doch anders. Wenn M. A. und Du in jener Zeit den Zölibat wähltet, so ist's gut, und so soll er zu Ende gelebt werden. Aber jungen Menschen zum Zölibat raten würde ich nie. – Als absoluten

Wert betrachte ich den Zölibat nicht. Er wird ja doch meist eben nur so aufgefaßt: daß man nicht heiratet und mit keiner Frau schläft und sich übers Sexuelle erhebt (oder erhaben dünkt). Aber das Sich-Gott-Weihen bedeutet was anderes, bedeutet mehr. Wenn ein Priester statt der Ehe seinen Bauch hat und frißt (wie es heute viele tun) oder seinen Ehrgeiz oder seine Liebhabereien, so ist das genauso schlimm, als schlafe er mit einer Frau (nein: viel schlimmer.) Was von Gott abzieht, ist schlecht. Also.

Ich bin zu müde, um in die Tiefe zu gehen, jetzt. Aber ich bin überzeugt, daß der Zölibat fallen wird. Man wird dafür lieben lernen." (384.385)

Wie also das doch sehr oft vorkommende Dreieck: zwei Männer – eine Frau, ganz ohne klerikal-theologische Überhöhung sehen?

Wie mit einer solchen Einsicht innerhalb einer Kirche leben, die nach wie vor den Zölibat offiziell höher wertet als die Ehe?

Wie diese Differenz zur Meinung der Kirchenöffentlichkeit aushalten? Das ist eine therapeutisch relevante Frage.

Wie obendrein noch um die wirklich konkrete Liebe zu M. A. betrogen werden und dafür männlich-klerikale „Komm her – Geh weg"-Quälerei ertragen müssen?

Wie kann Luise das alles aushalten, wenn nun Karl Rahner mit seinem Angebot einer Liebe abermals an ihre Einsicht appelliert. Diesmal ohne Quälerei und ohne klerikales Geziere?

Die Diagnose zeigt, daß in Luise selber der Zwiespalt des ungelösten Jahrtausendproblems Zölibat festsitzt. Sie vermag gefühlsmäßig selber nicht zu glauben, daß Sexualität, Erotik und Spiritualität keine Gegensätze sind. Immer wieder hält sie sich in ihrer spirituellen Suche im Kreis zölibatärer Mönche und Priester auf. Man kann davon ausgehen, daß vor ihrem inneren Auge Bilder von Mönchen in tiefer Meditation oder feierlicher Liturgie wie „von selber" auftauchen. Das alles – obwohl zunächst eine Vermutung – kann wohl nicht anders sein. Unzählige Stimmungen, die ihre Briefe widerspiegeln, kommen aus dieser Quelle eines zu Ende gehenden Weltbildes. Jedes Weltbild ist mit Stimmungen, Haltungen, Gefühlen und inneren Bildern verbunden. Das macht die Stärke und soziale Realität eines solchen Bildes aus. Deshalb ist es hart, bedrohlich, ja sogar identitätsgefährdend, durch eine klare Einsicht zur Korrektur gezwungen zu werden. Und obwohl die Freiheit winkt, ist die gewohnte Beschränkung handhabbarer.

So tut Rinser schließlich, was seit rund tausend Jahren auch die römisch-katholische Kirche tut: Sie weiß intellektuell, daß sie einen historisch gewordenen Irrweg beschreitet, aber sie tut so, als ob dieser Irrweg mit den höchsten Mysterien des Christentums zu tun hätte, nämlich mit dem des Kreuzestodes Jesu.

Vor die Entscheidung gestellt, Konsequenzen aus ihrer Einsicht zu ziehen, bleibt schließlich alles beim alten. M. A. bleibt der „Ehemann" mit seinem Vorrecht (eine pure Phantasiebildung!), und der Kleriker Rahner, der drauf und dran war, sich als menschlicher Mann zu erweisen, wird als „Freund" aufs Nebengleis verwiesen. Und alles bleibt im vorgegebenen Rahmen des Zölibates. Die Paßhöhe in Sicht, wird zur Umkehr geblasen. Es gibt keine Überschreitung in ein neues Land. Das Neue ihrer Begegnung wird in die alten zölibatären Schemata, die Welt zu sehen, gestopft. Das ist im Grunde eine verweigerte Weiterentwicklung. Die Folge ist eine Blockade. Die Therapie muß auf diesen Punkt achten.

Es gehört zu den Elementen einer Diagnose, auch deutlich zu sehen, daß von einer derartigen Lösung niemand irgendeinen Nutzen hat: M. A. sklerotisiert im Altersheim dahin, Luise darf nicht einmal den Briefwechsel komplett veröffentlichen und erntet von der kirchlichen Öffentlichkeit für ihre loyale Auseinandersetzung mit einem Zentralproblem nur milden Spott. Und Karl Rahner wird letztendlich von der neo-konservativen Welle vielfach verdächtigt und schon bald nach seinem Tod ins theologische Vergessen abgeschoben.

Die Diagnose zeigt also eine Problemfiguration, in der sich die römisch-katholische Zölibatskrise prägnant widerspiegelt. Die Großkirche handelt so wie Luise Rinser. In ihrem Gesamtorganismus spielen sich dieselben Konflikte ab wie im Mikrobereich M. A.–Rinser–Rahner. Luise hat das deutlich gesehen und sich gegen eine Handlungsweise entschieden, die ihrer Einsicht hätte entsprechen können. Um es nochmals zu verdeutlichen: Sie hat vermieden, deckungsgleich mit sich und der Realität zu sein. Dadurch mußte sie ins Verdrängen kommen, und dadurch war es auch notwendig, das frühlingshafte Phänomen einer erotisch-liebenden Begegnung mit Rahner im „Grauen Bären" gewaltsam ins übliche „Zölibatsleiden" zurückzuinterpretieren. In dieser Lage war Rinser, waren vermutlich auch Rahner und M. A.

Was hätte also therapeutisch und spirituell-kirchlich geschehen können? Das ist eine sehr weitreichende fruchtbare Frage.

Welche therapeutischen Möglichkeiten gäbe es?

Ein prägnanter wesentlicher Punkt des Geschehens ist Rinsers Liebe zu M. A.

An dieser Stelle könnte gefragt werden, wieso Luise justament einen nicht verfügbaren, doppelt und dreifach gebundenen Mann für ihre Liebe erwählte. M. A. war Ordensmann, Priester und Klostervorsteher. Er bekleidete außerdem ein höheres Amt innerhalb der Gesamtkurie seines Ordens. Schwieriger geht es nimmer – so scheint es. Deshalb stellt sich die biographisch wichtige Frage nach der Art und Möglichkeit, die Luise für Männerbeziehungen vorgegeben worden waren. Aber darüber hinaus auch noch die zweite nach der Art und Struktur des römisch-katholischen Glaubens, der ihr übergeben worden war.

Beide Fragen sind deswegen einer therapeutischen Klärung bedürftig, weil ja an ihnen die ganze spätere Haltung Rahner gegenüber und auch ihre Deutung dieses Geschehens fixiert ist.

Die biographische Frage nach den Männerbeziehungen kann nicht ausdrücklicher Gegenstand unserer Überlegung sein. Wohl aber die Frage nach der Struktur des katholischen Glaubens, der sie gelehrt wurde. Jede Zeitepoche hat ihre typische Glaubensstruktur. Die Jugendprägung Luise Rinsers war nach Gestimmtheit und Akzenten zunächst die des vorkonzilaren deutschen Katholizismus: viel Autorität, viel Papst, viel Neuscholastik und leidvolle Glaubenspflicht. Dazu eine Prise jener Schlitzohrigkeit, die eine prominente Journalistin so formulierte: „Zölibat muß sein – aber nicht 24 Stunden am Tag."

Diese Ausgangslage muß sich im reifen Frauenalter zumindest intellektuell stark verändert haben. Rinsers drei Thesen zu Jungfräulichkeit und Zölibat verraten Lebenserfahrung, theologisches Nachdenken, geschichtliche Kenntnisse und eine Perspektive für die kirchliche Zukunft, die sehr weit tragen würde.

Diese beiden einander entgegengesetzten Pole verhindern eine Entscheidung, weil sie innerlich gegeneinander ausgespielt werden. Die Rahner-Begegnung wäre die Situation gewesen, die Pole zu integrieren und daraus etwas zu machen. Sie hätte mit ihm zusammen „der Liebe" folgen können.

Luise und Karl wären möglicherweise dafür zu einem umstrittenen kirchlich-progressiven Symbolpaar geworden. An ihrem Leben hätte man genau dieselben Problemlösungen sehen können, wie sie die römisch-katholische Gesamtkirche zu lösen haben wird. Das wäre eine große Last, aber auch der Weg aus klerikaler Isolation zurück in die Gemeinschaft der „kleinen Leute" geworden.

Die konkrete Liebe Karl Rahners anzunehmen und dafür die zölibatär irritierte des M. A. zurückzuweisen hätte eine Konsequenz der Deckungsgleichheit zwischen Einsicht und Handlungsweise sein können. Das hätte die Spannungen reduzieren geholfen, vielleicht auch Depressionen samt Hund erspart und die ganze, auf endlose Umdeutungen verschwendete Energie für einen eindeutigeren Weg zur Verfügung gehabt.

Die therapeutischen Möglichkeiten wären so gewesen. Der Befreiungsvorgang Psychotherapie hätte hier ansetzen können.

Eine weitere wichtige Ansatzmöglichkeit wäre der „Graue Bär" gewesen. Die Achtung vor einem Phänomen der Liebe und Zuneigung hat immer etwas Lebensunterstützendes bei sich. Dadurch führt die Achtung eines Phänomens immer auch zu einem therapeutischen Heileffekt. Die Verletzungen aller Beteiligten waren groß und deutlich. Wenn alle drei „litten", so waren es drei zuviel, die leiden mußten. Die therapeutische Grundklärung hätte eine bessere Lösung mit viel weniger Leiden mit sich gebracht. Diese berechtigte Erwartung wäre auch der Grund, Menschen in der Situation „M. A.–Rahner–Rinser" ganz dringend zu einer therapeutischen Bemühung zu raten.

Vielleicht geraten sie dann in eine Zone, die auch leidvoll ist. So wenn die Kirchenöffentlichkeit protestieren würde oder Luise und Karl die Achtung entzöge. Mag sein. Aber dann wäre das Leid durch die Situation begründet und evident. Neurotisch entstandene Leiden werden im Gegensatz dazu nur allzuleicht Gott zugeschoben. So als ob ER Neurosen wie Leidensfolgen „zur Vertiefung" den Menschen auferlegen würde. Eine böse Verschiebung, die Gott zum Sadisten stempelt. Oder zum Prügelpädagogen. Eine derartigen Vorstellungen dienende Theologie macht sich derselben Denunziation schuldig.

Wegen der bedauerlichen psychosomatischen wie intrapsychischen Leidensfolgen muß eine Therapie derartige Verschiebungen wie auch Theologien auf den Punkt bringen und zur persönlichen Entscheidung stellen. Durch diese enge Sackgasse muß der therapeutische Prozeß durch. Rahner, Rinser und M. A. hätten nachher nicht mehr so leben können wie vorher. Sie hätten eine neue Ebene für sich gefunden oder regredieren müssen. Das wäre ein bedauerlicher Rückfall gewesen. Man muß sich klarmachen, daß derartige Regressionen durchaus erhaben aussehen oder mit einer klerikalen Karriere verbunden sein können: sozusagen als „Belohnung für Standestreue". Aber derartiges ist eine Perspektive, die von anderen Interessen her getragen ist. Sie hat nicht wirklich etwas mit unserer Fragestellung zu tun. Jedenfalls gilt: Im regredierten Zustand kann niemand, der ein Erwachsener ist, ein Erwachsenenleben auch realisieren. M. A. im Altersheim steht (abgesehen von seiner Altersbedingtheit) in dieser Gefährdung.

So wären die therapeutischen Möglichkeiten gewesen.

In der Wirklichkeit haben sich alle Genannten anders entschieden. Das war ihr gutes Recht. Es war jedoch unsere Möglichkeit, anhand des veröffentlichten Briefmaterials aus ihrer schwierigen Situation zu lernen. Deshalb ist Luise Rinser für den Mut, ihre Lebenserfahrung zugänglich zu machen, zu danken.

Was sagt der Glaube dazu?

Weltbild-Ablöse

Die drei Thesen zum Begriff der Jungfräulichkeit und dem des Zölibats, die Luise Rinser (siehe oben) formuliert hat, sind spirituell von Bedeutung. Sie stehen am Schnittpunkt zweier Weltbilder, deren älteres die Tradition geprägt hat, aber in Ablöse begriffen ist. Das jüngere ist im Heraufkommen. Schon sind erste Umrisse zu sehen, aber die sichere Zustimmung und Bewährung in der spirituellen Praxis hat es noch vor sich. Das ist eine schwierige Übergangssituation, in der die Kirchenorganisation (und jedes Mitglied in ihr) steht.

Wenn wir M. A. und Karl Rahner nach ihren Ordensgelübden fragen, so kämpfen beide um deren Sinnhaftigkeit und Verständnis, denn Ordensgelübde gehören (wie die gesamte Gelübdefrömmigkeit) noch zum alten Weltbild. Der Kampf kann müde machen und lange währen. Die Last der Geschichte liegt über dem Problem, und diese muß erst einmal bewältigt werden. Gegenwärtig läßt sich das Gelübde sexueller Enthaltsamkeit – „Jungfräulichkeit um des Himmelreiches willen" – nur als persönliche Lebensform vertreten. Als „höherwertige Lebensform" eines klerikalen Standes ist sie nicht wirklich argumentierbar. (Das war schon zu Jesu Zeiten so, wie sein Wort: „Wer das fassen kann, (nur) der fasse es!" (Mt 19, 12), zeigt.)

Sind verheiratete Priester Verräter?

Überdies wissen beide Kleriker-Freunde von Luise, daß von den rund 500.000 Priestern der römisch-katholischen Kirche etwa 100.000 in den vergangenen Jahrzehnten nach dem Konzil geheiratet haben. Dadurch haben sie ihr Amt verloren. Das hat kirchenoffiziell einen Schock ausgelöst. Denn sie haben gemäß dem alten Weltbild „wie Judas Jesus verraten, indem sie ihren Ordensgelübden oder Zölibatszusagen untreu geworden sind". Sie sind nach der 1.600 Jahre alten Meinung des Kirchenvaters

Hieronymus „wie Hunde zum Erbrochenen zurückgekehrt", indem sie mit Frauen wiederum erotisch zusammenleben, obwohl sie ihnen bereits entsagt hatten.

Andererseits sind die 100.000 verheirateten katholischen Priester diejenigen, die jeder doppelten Buchführung durch offizielle Heirat entsagt haben. Ihre Frauen und Kinder sind öffentlich herzeigbar. Sie haben dadurch die Zugehörigkeit zum Klerus (samt Standesehre verloren), dafür aber einen Schritt der Versöhnung mit den jahrhundertealten klerikalen Feindbild „Frauen und Kinder samt Erotik" zuwege gebracht. Außerdem haben sie für Eindeutigkeit gesorgt. Der Preis war hoch, aber der Lohn dieses Weges auch.

Die neue Perspektive: Liebe statt Opfer!

Sie haben eine spirituelle Perspektive freigelegt, die ehedem verstellt war. Es ist der Blick auf die Beendigung aller magisch-religiösen Opferei. Jahrtausendelang versuchten Menschen durch die Schmerzen der Opfer und der Opfernden „spirituelle" Energie anzusammeln. Damit hofften sie so mächtig zu werden, daß sie im Kollegium der Götter und Schicksalsmächte mitmischen könnten. Jahrtausendelang schoben sie ihre negativen Handlungen einem Sündenbock zu, den sie töteten, um von ihm Ent-Schuldung zu bekommen. Von den Menschenopfern über Tieropfer zu den Pflanzenopfern geht der Weg bis zum „Opfer des Lobes" – eigentlich gar keinem Opfer mehr. Die Bibel beschreibt das. Jesus hat als letzter und allumfassender Sündenbock diesem schrecklichen Opfertreiben ein Ende gemacht. Sagen wir besser: Er wollte das und hat es durch sein Todesschicksal möglich gemacht. Aber es dauert offensichtlich lange, bis sich diese neue Freiheit durchsetzen kann. Bis heute macht es der Menschheit Mühe, ohne Sündenbockmechanismen ihre Verantwortung und ihre Schuldigkeit auszuhalten. Unzählige Familienprobleme entstehen bis in die Gegenwart auf diese Weise und werden in die Zukunft so weitergereicht. Die Kirchen haben ebenso Mühe, die „Opferei und Sündenbockproduktion" endgültig zu beenden. Priester, die heiraten, eignen sich seit jeher hervorragend als Sündenböcke. Karl Rahner und auch M. A. müssen das gespürt haben.

Wenn aber keine Opfer-Priester mehr benötigt werden (sollten!), dann ist Erotik als spiritueller Weg plötzlich möglich. Zwischen der erotischen Liebe und der Liebe zu Gott klafft kein tiefer Abgrund mehr. Menschliche und göttliche Liebe treffen einander und schließen nach Jahrtausenden endlich Frieden. Frauen, Männer und Kinder sind gleichwertig und gleichberechtigt. Die Liebe verbindet sie nun, die vorher nicht nur durch gesellschaftliche Schranken getrennt waren, sondern auch durch kirchlich-religiöse. Ähnlich der Opfer-Geschichte ließe sich auch eine Erotik-Geschichte der vergangenen Jahrtausende aufzeigen. Von Frauen und Kindern als Sach-Eigentum und der Familie als Wirtschaftsunternehmen zum gegenwärtigen Stand – Familie und Partnerschaften sind Liebesgemeinschaften, und die Kinder sind dabei vollwertige Mitglieder – geht ebenso ein weiter und mühevoller Weg. Jesus hat auch diesen Kampf gegen Frauen, Kinder und Erotik allein schon durch die Art seines Verhaltens beendet: Auch hier muß man sagen: Er wollte ihn beenden. Es dauert immerhin schon 2.000 Jahre, und die Kirchen haben noch immer Mühe, Frauen zum Priesteramt zuzulassen. ... Auch das haben Karl Rahner und M. A. sicher gespürt: Entscheiden sie sich zu einem Leben in offen vollzogener erotischer Liebe, stünden sie an der Spitze einer Entwicklung, die noch mehr Einsamkeit mit sich bringt, als sie sowieso schon zu tragen hatten.

Man kann das Gewicht einer derartigen Entscheidung verstehen.

Wie immer sie ausfiel: Die neuen Perspektiven, die innerhalb des Klerus von den verheirateten Priestern (ohne Amt) aufgeworfen wurden, haben allgemeine Bedeutung. Weit über die Kirchen hinaus, die lediglich der Ort sind, an dem sich die uralte Sündenbockfrage und die ebenso alte Frage nach der erotischen Liebe endgültig stellt.

„Wir werden lieben lernen!"

Mit diesen Worten faßt Luise Rinser knapp und präzise diese ganze mühevolle Auseinandersetzung zusammen.

Vom Standpunkt des Glaubens aus muß man „mit der Liebe sehen lernen".

Aus dieser Sichtweise heraus kann niemand „Gott verraten und davonlaufen", der einen Menschen erotisch liebt.

Umgekehrt besteht die höchste Gefahr, daß jemand, der keinen Menschen erotisch zu lieben vermag, auch Gott nicht lieben kann.

Notwendige Zurückweisung falscher Gottessätze

Auch müssen die bedrohlich falschen „Gottessätze" mit ganzer Kraft revidiert werden.

Gott will wirklich nicht, daß „M. A. leidet. Rinser leidet. Rahner leidet".

Gott will auch keine „Gewissensbisse", die ungeklärterweise zur Selbstmarterei anwachsen können.

Gott will auch keine Sühne-Depressionen.

Mit der Energie, die frei wird, wenn es möglich ist, den destruktiven psychischen Mächten und Gewalten zu entweichen, könnte man sich im spirituellen Bereich dem Wort des 1. Johannesbriefes zuwenden. Es stärkt, und es tröstet. Es vermag viele, viele Wunden zu heilen: „Ihr Kinder, nicht mit Wort und Zunge laßt uns lieben, sondern in Werk und Wahrheit. Und daran werden wir erkennen, daß wir aus der Wahrheit sind.

Und wir werden vor ihm unser Herz überzeugen: Daß – wenn das Herz uns verklagt – Gott größer ist als unser Herz.

Und er kennt alles" (1 Jo 3, 18–20).

9. Beispiel:
„Du hast mich betört!" Olga im Banne des „himmlischen Jungfräulichkeitsideals"

Olga war von Jugend an katholisch gewesen. Nicht so ihr Vater, der dem Nationalsozialismus anhing und aus dem Zweiten Weltkrieg nicht mehr nach Hause zurückkehrte. „Gottgläubig" sei er gewesen, wurde ihr gesagt. Aber was alles ist schon „gottgläubig"! Er fehlte ihr sehr. Wo war er geblieben? War er als Nazi doch im Himmel? Ihre Angehörigen meinten das. Sie suchte ihn „oben", und sie suchte ihn verschwiegenerweise „unten": Sie wurde so wie ihre Mutter, die, stets mit der Gretelfrisur der jugendbewegten Mädchenbünde gekrönt, um sie und ihre beiden schönen jüngeren Schwestern und ihren Bruder sorgte. Es war nicht leicht, in den Kreisen der katholischen Jugendbewegung einen Mann zu finden. Mädchen gab es ja genügend, aber Burschen? Die wenigen, die es gab, tendierten alle zu Priester- und Ordensberufen. Deshalb war die Mutter entlastet, als die beiden jüngeren Töchter rasch jemanden fanden und heirateten. Blieb ihr noch die älteste. Olga war drall, gesund, fesch, sportlich, musisch, tänzerisch geschickt. Sie glich ihren jüngeren Schwestern, aber im Gegensatz zu ihnen war sie dem Ideal der „Jungfräulichkeit um des Himmelreiches willen" ergeben. Vielleicht sogar verfallen. Irgend jemand hatte ihr „Ehe und Jungfräulickeit", ein streng wertkonservatives Buch des deutschen Philosophen Dietrich von Hildebrand, in die Hand gedrückt. Sie begann von Mönchen und Nonnen zu schwärmen, las bei Bruder Pierre-Marie in der „Geistlichen Lebensregel der Jerusalem-Gemeinschaften", einer französischen Ordensgründung der Nachkriegszeit, folgende wegweisende Sätze. (Wir müssen sie ausführlich zitieren, fassen sie doch in Inhalt und Stimmung alles zusammen, was kirchlicherseits seit Jahrhunderten zu diesem Ideal beigesteuert wurde.)

Was will die gelobte „Jungfräulichkeit"?

„Nach dem Vorbild der Jungfrau Maria, die Braut und Mutter war, wird die Jungfräulichkeit dich vertraut machen mit dem

Geheimnis wahrer bräutlicher Liebe, wirklicher Vaterschaft und zärtlicher Mutterschaft. Wie der Bräutigam sich freut an der Braut, so freut sich Gott an dir (vgl. Jes 62, 5) (79).

Du lebst im Schoße einer Welt, deren Harmonie von der Sünde zerstört und deren ursprüngliche Schönheit von ihr befleckt ist."

Durch asketischen Kampf zum spirituellen Sieg

„Der lebendige Widerstreit von Fleisch und Geist reicht tief in dein Wesen hinein, so daß du nicht imstande bist, das zu tun, was du willst. Bejahe diesen Streit ... Jenseits des scheinbar Unverständlichen, jenseits des Kampfes, der dich vielleicht vor Schmerzen stöhnen läßt, öffnet dich die keusche Liebe für das Licht der wahren Freiheit.

Hab den Mut einzugestehen, daß die Keuschheit zum einen Teil Verzicht ist. Aber behalte die Freude zu sehen, daß die Askese dich zur Heiligkeit führt.

Gegenüber der grenzenlosen Erotisierung, die den einzelnen gemeinschaftsunfähig macht, ihm für kurze Zeit etwas vorgaukelt, die die Person zum Objekt macht, die verdunkelt und die Liebe trübt, demgegenüber wird die Keuschheit helfen, dem, der was nur vergänglich und Illusion ist, zu entsagen. Sie wird dir das wahre Licht des Lebens offenbaren. (75)"

Im Diesseits schon ein himmlisch-jenseitiges Leben führen?

„Du glaubst an die kommende Welt, in der wir auferstehen von den Toten und nicht mehr heiraten, sondern sein werden wie die Engel im Himmel, ganz erfüllt vom Glück der Ewigkeit."

Absolut allein mit dem alleinigen Gott?

„Willst du Christus nachfolgen, der von einer Jungfrau geboren wurde, die unter allen Frauen gesegnet war, und der selber aus freier Entscheidung ehelos gelebt hat, so wird von dir verlangt, alles zu verlassen, auch Mann, Frau und die Kinder bis hin zum eigenen Leben.

Die Jungfräulichkeit, die du um Jesu willen lebst, macht dich zum stillen, aber starken Zeugen Christi. Auf diese Weise gelangst du mehr und mehr dazu, allein vor dem Alleinigen zu stehen, im Namen einer höheren Liebe, der Liebe deines Herrn und Gottes."

Von der Macht spiritueller Bezauberung und göttlicher Betörung

„Du bist bezaubert von der Schönheit des Auferstandenen, in Wahrheit Mönch vor den Menschen und vor Gott ...

Einem einzigen bist du verlobt, damit du als reine Jungfrau vor Christus geführt werden kannst.

Deshalb hat der Herr DICH BETÖRT, und deshalb hast du dich betören lassen; aus demselben Grund hat er dich in die Wüste geführt und dich umworben ... (75–77)"

Ideale sind immer unerreichbar!

Dieser Text (aus der bei Herder-Freiburg 1984 erschienenen geistlichen Lebensregel der Jerusalemgemeinschaften „Geht ihm entgegen") hatte es Olga angetan. Sie versuchte dem Ideal nachzuleben und scheiterte mehrmals: Als Schwester eines traditionellen Frauenordens, als Mitglied einer charismatischen Ordensgemeinschaft, ja auch im persönlichen Bereich war ihr Leben zunehmend schwierig geworden. Weder in ihrer Lehrtätigkeit noch in Pfarrgemeinden, noch bei Freizeitgemeinschaften hielt es sie lange. Sie wurde zuletzt manisch-depressiv und geriet in die mühsame Tour durch Arztpraxen und psychiatrische Krankenhäuser, um zuletzt in einer Phase manischen Glückes mit ihrem Auto direkt an einer Begrenzungsmauer tödlich zu verunglücken.

Was sagt die Therapie dazu?

Warum scheiterte Olga so schrecklich? Warum wurde aus einer so verheißungsvollen jungen Frau anhand des „Jungfräulichkeitsideals" eine so tragisch an ihrem Schicksal Leidende?

Die Antwort wird schwierig, da es an weiteren Daten mangelt, aber immerhin ist die diagnostizierte „manisch-depressive Psychose" ein gewisser Hinweis. So jedenfalls würde die Psychiatrie Olgas Erscheinungsbild einordnen. Und zu behandeln versuchen.

Auf jeden Fall fällt die starke, absolute Idealbildung auf, der Olga angehangen ist. Sie teilt dieses Ideal mit weiten Teilen der offiziellen römisch-katholischen Kirche. Sie hat die Texte und Beschreibungen aus deren Veröffentlichungen bezogen. Als AHS-Lehrerin war sie jahrelang auf den Universitäten und gebildet genug, sich, wenn sie nur gewollt hätte, ein kritisches Urteil zu ermöglichen.

Warum mußte Olga scheitern?

Daß sie dennoch an ihrem Versuch, die traditionelle „Jungfräulichkeit" zu leben, offensichtlich scheiterte, könnte einmal einen biographischen Grund haben, war Olga doch die älteste Tochter eines im Krieg gefallenen Vaters.

Es könnte aber genausogut möglich sein, daß ihr radikaler Versuch, sozusagen 1:1 diesem Ideal nachzuleben, scheitern mußte. Vielleicht konnte sie der Kraft des Ideals nicht standhalten?

Vielleicht zerrieb sie sich an den inneren Widersprüchen der „himmlischen Jungfräulichkeit"?

Man wird zusammenfassen und sagen: Geprägt durch den Tod des Vaters und der Suche nach ihm fühlt sich Olga angezogen von einem Ideal „himmlischer Treue". Sie findet in der „Jungfräulichkeit um des Himmelreiches willen" eine offiziell bereitstehende Fassung ihres Ideals und zerbricht daran.

Wie ist es zum Ideal der „himmlischen Jungfräulichkeit" gekommen?

Um Olga und ihr Schicksal besser verstehen zu können, bedürfen wir einer genaueren Kenntnis der „himmlischen Jungfräulichkeit". Sie heißt im Neuen Testament „Ehelosigkeit" (genauer: „Selbstentmannung"), „um des Himmelreiches willen" und später „heilige" oder „himmlische Jungfräulichkeit". Wir müssen also zwischen den jesuanischen Kernaussagen und dem, was der Zeitgeist des Mittelmeerraumes in den folgenden Jahrhunderten daraus entwickelt hat, unterscheiden.

Das Jesuswort (bei Mt 19, 12) lautet: „Es gibt Entmannte, die sich selbst entmannten um des Königtums der Himmel willen. Wer das fassen kann, der fasse es."

„Jungfräulichkeit" heißt: Heraus aus den Familienclans!

Der Hintergrund dieses Wortes ist der Eindruck unmittelbarer Nähe des Gottesreiches („Königtum der Himmel") und die absolute Bereitschaft, ihm zur Verfügung zu stehen und durch gar nichts daran gehindert zu sein. Auch nicht durch eine Familie. Dieses Aussteigen aus dem Familienclan bedeutet einen gewissen Ehrverlust („Der hat keine Kinder zur Arbeit gezeugt! Der hat keine Chance, daß aus seiner Nachkommenschaft der Messias hervorgehen könnte"). Daraus folgt auch ein Macht- und Sicherheitsverlust. („Wer wird im Alter für ihn sorgen? Wer wird vor Gericht für ihn Partei ergreifen?")

Der Ehelose im Sinne Jesu ist am ehesten einem heutigen Menschenrechtsaktivisten zu vergleichen, der absolut alles hintansetzt, um frei seine risikoreiche Aufgabe durchführen zu können.

So gesehen ist die „Ehelosigkeit um des Himmelreiches willen" verständlich und nachvollziehbar. Sie ist ein Vorgang freiwilliger Konzentration auf eine wesentliche Aufgabe. Gegen sie richtet sich kein generelles therapeutisches Bedenken. Eine Frage bleibt lediglich, wie aushaltbar diese Konzentration ist.

Spirituelle Wege können gefährden!

Jesus setzt aber warnend hinzu: *„Wer das fassen kann, der fasse es!"* und weist damit auf die Gefahr hin, die eine spirituelle Berufung für einen Menschen mit sich führen kann. Von außen schwer verständlich, wird Berufung wie Gefahr sich zuerst im intimen Rahmen der freien Person verdeutlichen. Deshalb ist es gut, sich Jesu Warnung in Umkehrformulierung nochmals gesagt sein zu lassen:

„Wer das nicht fassen kann, soll die Finger davon lassen!"

Für eine Frage nach der Sicht der Psychotherapie ist diese Warnung auch ein Hinweis auf die eigentümliche Problematik des spirituellen Bereiches. Er kann von der sozusagen „normalen" Psychotherapie leicht übersehen werden. Wir werden darauf noch zurückkommen.

Ein „himmlisches" Bild baut sich auf

In den ersten Jahrhunderten gingen die Worte Jesu auf die geschichtliche Reise der Inkulturation in den Nahen Osten und das Mittelmeergebiet. Sie verbanden sich mit Enthaltsamkeitsbewegungen Syriens und fanden vorerst in einer kollektiven „Jungfräulichkeitsphantasie" ihren kraftvollen Ausdruck.

„Jungfräulichkeit" war wie eine Rückkehr zum paradiesischen Ursprung der Menschheit, wie das Betätigen der Rücklauftaste der Unheilsgeschichte, wie die Aufhebung des Todes durch die Aufhebung der Zeugung: Denn wo nichts geboren wird, kann auch nichts sterben. (Basta!)

„Jungfräulichkeit" war natürlich auch das Wort für einen Ausbruch aus festgefügten dörflichen Strukturen, aus der schrecklichen Last an Geburten für die Frau, aus der schrecklichen Last an Ernährungsverpflichtungen für den Mann. Immer mit dabei war die Europa noch oft beschäftigende Frage nach der Bewertung sinnlich-sexueller Lust: Sie verführt zu Zeugungen, sie erregt die Gefühle derart, daß sogar die Vernunft getrübt wird. Mit getrübter Vernunft kann niemand beten und schon gar nicht meditierend denken. Ein skandalöser Zustand für eine Gesellschaft, in der Vernunft hoch geachtet und Sexualität moderat nach „Schicklichkeit" zu geschehen hatte.

Während im syrischen Gebiet die sexuelle Enthaltsamkeitsbewegung zu einer größeren Freiheit der Frauen führte (Kirchenjungfrauen durften sogar unverschleiert in der Kirche öffentlich sichtbar erscheinen!), blieb der Westen (Rom, Athen) skeptisch: Man hatte bemerkt, daß auch die Taufe nicht imstande war, sexuelle Impulse auszulöschen. Lebenslang mußten sie niedergerungen werden, und niemals konnte man sicher sein, daß sich nicht der sexuelle Sündenfall wiederhole.

„Jungfräulichkeit" war offenbar einem erlittenen Martyrium gleichzusetzen. Beides wurde hoch geehrt.

„Jungfräulichkeit" als kollektive Ikone des Glaubens

Schließlich wurde der jungfräuliche Leib eines Mädchens als etwas derart Heiliges empfunden, daß er zu einem Quasisakrament wurde: Jungfräuliche Menschen sicherten durch ihre Stellung bei Gott den Fortbestand der Kirche und des christlichen Reiches, ja auch die Fruchtbarkeit der Herden und die Ernte der Felder ... Es ist leicht vorstellbar, was die kollektive Mobilisierung derartiger Vorstellungen bewirkte. Hunderttausende Menschen fühlten und dachten in dieselbe Richtung: Sie arbeiteten an einem kollektiven Projektionsbild. Der strahlend blaue Himmel über dem Mittelmeer war angefüllt von „heiligen Jungfräulichen" beiderlei Geschlechts, und über ihnen thronte die Jungfrau-Mutter-Maria. In ihrem jungfräulichen Schoß ruhte Jesus, Gottes Sohn. Der Schlußstein war gesetzt. Die „Jungfräulichkeit" hatte ihre Position innerhalb der damaligen Christenheit gefunden.

„Jungfräulichkeit" – die Gegenwärtigkeit des Vergangenen?

Wenn wir den Text der Jerusalemgemeinschaften auf diese Geschichte hin aufmerksam lesen, wird die verblüffend antike

Gestimmtheit darin deutlich. Der Text könnte aus dieser ganz frühen Zeit stammen. Nur tut er das nicht. Ist also die Zeit stehengeblieben? Oder ist das Jungfräulichkeitsideal tatsächlich zeitlos geworden? Trotz aller Widersprüche? Oder ist das Idealbild stehengeblieben, während die Dynamik der Zeit sich weiter und weiter entwickelte und so zum allmählichen Einsturz aller stützenden Begleitumstände von ehemals führte? So, als rage ein großes Brückenbauwerk unversehens ins Leere. Wer darauf bauen wollte, müßte schon sehr schwindelfrei sein ...!

Olgas problematisches Gelübde

Olga wollte ihr erwachsenes Frauenleben darauf bauen. Aber war sie schwindelfrei? Konnte sie, die gute Sportlerin, ebenso mit der Anziehungskraft des Himmels umgehen, wie sie es mit der Schwerkraft der Erde beim Schifahren konnte?

Vermochte sie die Balance zwischen beiden Anziehungen zu halten? Sind nicht Künstlerbiographien und vor allem Heiligenbiographien randvoll mit derartigen Balanceproblemen? Und muß man nicht auch deswegen den Heiligen zahlreiche therapeutisch relevante Diagnosen stellen? Viele waren psychosomatisch krank, viele litten unter depressiven Verstimmungen, manche unter Hysterien. Das alles könnten auch Symptome einer irritierten Balance gewesen sein.

Vor allem aber führt die „himmlische Jungfräulichkeit" in schwere Widersprüche, die als Spannung fühlbar sind.

Die vier großen Widersprüche der „Jungfräulichkeit":

1. Ein liebevolles Liebesverbot?

So beschreibt unser oben zitierter Text und die Gesamtliteratur, auf der er fußt – das ist der Widerspruch 1 – das gesamte erotische Gebiet mit Ausnahme der genitalen Zeugung: Es gibt keinen „Liebhaber" und natürlich keinen Penis – wohl aber den weiblichen, „ungeöffneten Schoß" (weder „durch die Zeugung noch durch Geburten gewaltsam durchstoßen"); es gibt „Zärtlich-keit" jeder Menge und „bräutliche Liebe", in späteren Texten auch „von süßer Milch tropfende Brüste", aber keine natürliche Geburt, keinen stürmisch liebenden Mann und keinen biolo-gisch zeugenden Vater. (Dafür aber „wahre Väterlichkeit" und „wahre Mütterlichkeit" und natürlich auch „wahre, höhere Liebe". Was immer sich die enthaltsam-zölibatären Schriftsteller darunter vorstellen mögen, ist unklar. Wieso die reale erotische Liebe „unwahrer" sein soll als die durch Enthaltsamkeit erreich-te, soll verstehen, wer es kann. Therapeutisch nennt sich so ein Vorgang eine „zudeckende Zweckbehauptung".)

Dafür gibt es durchgehend eine erotisch anmutende Wärme des Textes: weich, gefühlvoll, sehnsüchtig, fast romantisch ver-liebt... Beides zugleich geht nicht gut zusammen: Ein Liebesver-bot, mit den Früchten der Liebe behaftet, kann zum Nährboden einer verdeckten Sexualität werden ...

2. Der kühle Taufbrunnen ersetzt die heiße Zeugung
Widerspruch 2 gegenüber der Realität ist die jungfräulichkeits-gemäße Rolle des Taufbrunnens in den Basiliken: Aus seiner „keuschen Kühle" entsteigen die neuen Kinder der Kirche. Sie setzt sich durch Taufe fort, nicht durch Zeugung in Adams Nach-folge. So das Ideal.

Tatsächlich aber haben alle Bischöfe von den Zeiten des Pau-lus an immer auf ein Netzwerk fruchtbarer Familienhaushalte geachtet. Mit Enthaltsamkeit allein wäre die Kirche ausgestor-ben. Zumindest legt das die natürliche Vernunft nahe. So ergab sich eine „Familien-Befehlsstruktur" für die Mission und das Zusammenleben der Gemeinden. So kam auch die Kirche zum Erbgut jungfräulich-enthaltsamer Töchter oder enthaltsam lebender Witwen. Dieses Geld mußte irgendwie der Öffentlich-keit wieder zugeführt werden. Das zeigte sich in den prachtvol-len Basiliken im öffentlichen Bereich der Städte.

Die „Jungfräulichkeit" blieb rundum siegreich. Jeder konnte ihre Früchte sehen. Die kollektive Phantasie hatte sich bestätigt. Sie herrschte unangefochten über die Mittelmeerländer und ver-breitete sich in alle Himmelsrichtungen.

3. Penis und Vagina entbehren der Auferstehung?
Der 3. Widerspruch geht mitten durch jeden Menschenkörper.
Er soll ja seine endgültige Vollendung in einer Weise finden, die
nichts mehr mit Penis und Vagina zu tun haben wird. Das mag
eine bedeutsame Endzeitvision sein, entspricht aber überhaupt
nicht der wahrnehmbaren Realität dieses Lebens. Bis zum Tod
strömt sexuelle Energie durch männliche und weibliche Körper.
Jeder konnte die sexuellen Versuchungen, Anreize und Begierden selbst feststellen. Nichts schien so stark wie die Sexualität.
Vielleicht konnte der Hunger sie besiegen, aber dieser Sieg war
ein Pyrrhussieg: Der Körper erlahmte, aber die sexuellen Phantasien verdichteten sich zu Dämonen von erstaunlicher Macht.
Konnte man „wahre Jungfräulichkeit" ein Leben lang wirklich
erlangen? Kann ein Körper auferstehen, ohne sexuell bestimmt
zu sein? Muß man nicht doch im Himmel „heiraten", um ewig
selig sein zu können? Was die Väterzeit der Kirche diskutierte,
war für Olga von höchstem Belang. Würde sie jemals frei von
verzehrender Sehnsucht nach einem Kinde leben können? Von
der nach einem Manne zu schweigen ...
    Einen biologisch aufblühenden fraulichen Körper zu haben
und ihm per Gelübde zu widersprechen, ergibt einen aufreiben-
den Konflikt.

4. Die „himmlische Jungfräulichkeit" trägt depressive Kleidung
Schließlich kommt es zu Widerspruch 4: Obwohl der Mensch
ein sichtbares Ausdruckswesen ist, wird der jungfräuliche Körper der Mönche und Nonnen (später auch der Kleriker) zunehmend in schwarze Gewänder gehüllt. Nur das Gesicht leuchtet
blaß aus dieser depressiven Kleidungswolke hervor. Mönche
und Nonnen, besonders aus dem Bereich der Orthodoxie, bie-
ten bis heute dieses Bild mitten in ihrer so schönen, sonnenrei-
chen Landschaft! Und das hatte seinen Grund. Wer konnte
schon dem Ansturm der sexuellen Versuchungen und der Sinn-
lichkeit überhaupt standhalten, wenn er nicht seine Augen
behütend die Kapuze überzieht und sodann verhüllt, was nur
verhüllbar ist. Schönheit wird gefährlich. Wo sind die mit nack-
ten Körpern wunderbar verzierten Tongefäße der Antike hin-

gekommen? Wohin die anmutig-ausgewogenen Skulpturen nackter Männer und Frauen?

Der Schutz der „Jungfräulichen" vor Versuchungen hat seinen depressiven Preis gehabt, und der mußte bezahlt werden. So zieht etwas an Tragik in Europas Kirchengeschichte ein.

Deprimierte Resignation schützt das himmlische Ideal

Der durch „Jungfräulichkeit" überwunden geglaubte Tod frißt sich vorwärts: Immer weitere Bereiche des gesellschaftlichen Lebens werden durch das Jungfräulichkeitsideal und in der Folge durch eine deprimierte Gestimmtheit erfaßt. Wo der Klerus hinkommt, folgt die „Jungfräulichkeit" baldigst nach. So weisen im 6. Jahrhundert oberägyptische Städte laut Steuerliste zwanzig Diakone, achtzig Priester und fünfunddreißig Kirchenjungfrauen sowie einen Styliten (asketischen Säulensteher) bei zweitausend Steuerpflichtigen auf (nur um eine Richtziffer zu nennen). Alles gerät in den Sog einer umfassenden Klerikalisierung der Kirche. Diese gipfelt in den beiden Vatikanischen Konzilien 1870 und 1965.

Die „Ehelosigkeit um des Himmelreiches willen", von der Jesus sprach, ist damit zur „Jungfräulichkeit" mutiert. An ihr hängt der Kontakt zwischen Himmel und Erde. Sie ist das zentrale Symbol dafür. Daher ist es nur konsequent, sie dem Klerus aufzuerlegen.

„Jungfräulichkeit" gerät in die Form des Pflichtzölibates

Zuerst tritt dieser Zölibat in nachehelicher Enthaltsamkeit auf, dann in der Form periodischer Enthaltsamkeit, dann in Form einer enthaltsam gelobten Ehe und schließlich ab dem 11. Jahrhundert in Form eines Rundumschlages durch die generelle Ungültigkeitserklärung für Priesterehen. Das bleibt bis zur Gegenwart so.

Was dabei herauskam: ein seelisch gefährdendes Ideal!

Atmosphärisch wurde das im Gang der Jahrhunderte immer spürbarer. Die Erbsündenlehre des großen Augustinus war schon stimmungsmäßig von einer verzweifelten Resignation gezeichnet, die auch eine Folge des Jungfräulichkeitsideals und seiner Auswirkung ist.

Wo keine gelebte Erotik, dort kein lebendiges Dasein!

Das Geflecht aufeinander bezogener Symbolisierungen wird ebenso immer dichter und daher auch die Macht und Gewalt, die dieses Ideal inzwischen angereichert hatte. Es ist ein Unterschied, sich therapeutisch im „normalen" Bereich aufzuhalten oder sich in einen derart geladenen, spirituellen Bereich vorzuwagen und dabei psychische Balance zu wahren.

Das mußte alles vorausbedacht werden, um verständlich zu machen, daß Olga in diesen Widersprüchen verfangen hin und her tobte – bald depressiv gegen sich selber, bald manisch alle Realität überspringend über andere hinweg. Eingezwängt in die Bahnen und Strukturen ihres Ideals blieb ihr nur der Tod als Ausweg. Aber was für ein „sprechender" Tod das war: an eine Begrenzungsmauer donnernd ...! Als ob in einem Schlußbild nochmals alles zusammengefaßt zur Darstellung hätte kommen müssen, worum es in Olgas Leben gegangen war. Das ist stimmungsmäßig einem strengen Wüstenkloster zu vergleichen: Einmal durch die Pforte des Jungfräulichkeitsgelübdes in den gefährdeten Raum eingetreten, bleibt ihr nur noch Meisterung der Probleme oder der Friedhof als Austrittsmöglichkeit. Alles andere wäre für sie ehrenrührig gewesen. Oder sündig oder nicht dem Ideal entsprechend. Ein Versagen mehr in ihrem Lebenskampf. Und wer will schon gerne versagen?

Therapie? „Kommt nicht in Frage! Ich habe die Schwierigkeiten hinter mir! Sorgt euch nicht um mich!" sagt sie wenige Tage vor ihrem Unfall einer Freundin. Bald darauf rast sie wieder einmal in einer manischen Phase mit dem schon bekannten Gefühl, ihr könne „sowieso nichts passieren", an eine Hauswand: Ihr Tod ist eine Erlösung.

„Manisch-depressive Psychose" dient als klinischer Oberbegriff für dieses Phänomen. Was aber „himmlische Jungfräulich-keit" abverlangen kann, vermochte nur eine beschreibende Wahrnehmung ihres Weges zu vermitteln.

Welche therapeutischen Möglichkeiten gäbe es?

Olgas Familie, ihr Freundeskreis und sie selber waren Psycho-therapie gegenüber sehr skeptisch. Sie orientierten sich nicht an persönlicher Erfahrung, sondern an Normen und Prinzipien. In Briefen, die Olga oft spirituellen Themen widmete, war der Druck der Normen, unter dem sie selber stand, deutlich zu spüren. „Sollte ..., müßte ..." und umgekehrt „Das hättet ihr nicht ..." und „Man darf niemals ...!" sind die sprachlichen Formulie-rungen dieses Druckes. Sie verdächtigte die Psychotherapie daher, ein „zuchtloses, modernes Gebrabbel zu sein". Schade!

Zurück zum HIER und JETZT, zurück zur Erde!

Denn die therapeutische Arbeit hätte mit dem Hinweis auf das Hier und das Jetzt des Geschehens beginnen können. „Was ist jetzt bei Ihnen? Was erleben Sie gerade? Womit sind Sie eben innerlich in Kontakt?" Das wären die sprachlichen Fragen gewe-sen, die hätten weiterhelfen können. Ob aber Olga mitgegangen wäre?

Wer mit so mächtigen Idealen wie dem der „Jungfräulichkeit" in Kontakt ist, muß die Wendung zum Boden der Realität als banal empfinden. Und doch wird es ohne diese Rückwendung zu den unbezweifelbaren biologisch-menschlichen Grundlagen der Existenz nicht möglich sein, ihr zu helfen.

Man täte gut daran, Schritt für Schritt zu gehen. Wer den zwei-ten vor dem ersten probiert, der stolpert und fällt. Der rasche Sprung in ein übermächtiges himmlisches Ideal unter Nichtbe-achtung der ersten realen irdischen Schritte gefährdet die Balance. Vielleicht wäre bei dieser „Erlernung der Langsamkeit" bereits das Manieproblem aufgetaucht? Wir wissen es nicht. Vielleicht.

Die neurotisierende Rolle eines Ideals

Sodann gälte es, in einem Fall wie dem Olgas, die Idealisierung der „Jungfräulichkeit" zum Thema zu machen. Idealisierungen haben es an sich, daß sie nie einholbar sind. Ein verwirklichtes Ideal ist keines mehr. Man hat es nicht mehr vor sich am Himmel der Vorstellungen, sondern hat es realisiert und damit in sich integriert.

Neurotische Menschen aber quälen sich mit der steten Unerreichbarkeit des Ideals, dem sie nachstreben. Diese Qual besteht – ganz wie bei Olga – aus dem Genuß, an einem so hohen und edlen Ideal Anteil zu haben, und dem gleichzeitigen Genuß, das Lamento des „täglichen Scheiterns" wirkungsvoll anstimmen zu können. Was beim ersten Hinsehen noch seltsam klingen mag, hat Logik: Neurotisch erkrankte Menschen lösen Konflikte nicht dort, wo sie entstanden sind, sondern trachten danach, sie in sich hinein zu verlegen, wo sie unlösbar sind. In ihrem Inneren spielt sich dann der energieverzehrende, aussichtslose Kampf ab.

Religiöse Texte sind neurotisch mißverständlich!

Der „lebendige Widerstreit von Fleisch und Geist reicht tief in dein Wesen hinein ... Bejahe diesen Streit", heißt es in der Jerusalem-Regel. Olga wird diese Worte neurotisch verstehen und eine Bestätigung ihrer psychischen Beeinträchtigung daraus ableiten. Die Therapie wird dem widersprechen müssen. Es ist eine Tatsache, daß besonders spirituelle Texte sich zu einer neurotischen Lesart gut mißbrauchen lassen. (Vielleicht entspricht das der Erfahrung, daß man auch wunderbare Musik völlig blödsinnig spielen kann.) Die anschließende therapeutische Durcharbeitung könnte dann der entneurotisierten Lesung des Textes gewidmet sein.

Heilung kann weh tun!

Aber vermutlich wird sich dagegen Olgas Widerstand erheben. Denn wenn eine Zone entneurotisierten Bewußtseins spürbar wird, kommen auch die frühen Wunden und Verletzungen zum Vorschein. Olga wird das spüren und ein Gefühl des unsicheren Schmerzes haben: Der Vater ist im Krieg geblieben und ferne. Aber es gibt Andenken an ihn und Berichte über ihn. Ein Grab gibt es nicht wirklich. Irgendwo in Rußland wird er wohl bestattet worden sein. So mag sie ihr schweres Kinderschicksal beschreiben. Unglückseligerweise läßt sich mit demselben Schema auch ihr Gottesschicksal darstellen: Gott ist so ferne. Aber es gibt IHN und Berichte über IHN. Ein Grab gibt es nicht …

Klärung und Entmischung der Verworrenheiten wirken heilend

Die Vermischung von „Vater" mit „Gott" ruft nach einer klärenden Entmischung. Denn zumindest der Tod ihres Vaters ist unbezweifelbar und von dieser Welt. Olga wird den Tod zulassen müssen: „Ja, der Vater ist wirklich im Krieg geblieben. Er ist tot und kommt nie wieder zurück!" Die Therapie wird sie dabei stützen und begleiten. Und sollte der noch nicht durchlittene Schmerz auftauchen, wird er unter dieser Stützung zugelassen sein und vergehen können.

Kinder, deren Eltern oder Geschwister früh verstorben sind, verbergen vor sich diese Tatsache. Sie lassen ihre Angehörigen innerlich nicht sterben und erhalten sie phantasiemäßig am Leben. Olga muß der Wahrheit in sich eine Chance geben, wenn sie die Balance zwischen Himmel und Erde in sich halten will. Sie muß der Versuchung standhalten, in Überspringung des väterlichen Grabes und damit auch des irdischen Lebens gleich in den Himmel zu ihm zu gelangen.

Daß „Jungfräulichkeit gelobt werden muß", hat sie von Dietrich von Hildebrand gelernt. Sie zitiert den Satz oft, und er gibt der Therapie die Möglichkeit, die Frage nach der Absolutheit ihres Übersprunges zu stellen. Warum denn gleich „geloben"? Ein Wort, das ganz ähnlich dem „verloben" klingt?

Wer zum Himmel unterwegs ist, benötigt ein Retourticket

Die therapeutische Notwendigkeit ist die Sicherung der „Erde"
(des Vaters, der Familie, der Gefühle und Bedürfnisse, der ver-
nünftigen Nüchternheit) von Olga. Das ermöglicht ihr, für dieses
ihr geschenkte Leben die Verantwortung zu übernehmen. Wenn
diese Arbeit einigermaßen getan ist, wird sich immer mehr her-
ausstellen, was nun wirklich „himmlisch" an Olgas Ideal war und
was lediglich projektiv am Himmel erschienen ist.

Eine Zentralfrage: Wer betört wen?

Es kann also gut sein, daß die *Betörung* durch einen liebenden
Gott (Jerusalem-Regel) tatsächlich die Wirkung einer Betörung
von Olgas Handlungsfähigkeit, ihrer Kontrolle und ihrer Wider-
standskraft hat.

Der ganz entscheidende Unterschied aber besteht darin, daß
es nicht ihr „liebender Gott" sein kann, der sie auf diese Weise
„betört". Das würde ja bedeuten, er narkotisiere schon die kleine
Olga, um sie für seine exklusive Liebe zu gewinnen. Das ist
eigentlich die anthropomorphe Unterstellung eines Mißbrauchs-
geschehens. Viel wahrscheinlicher ist deshalb die Annahme,
Olga habe sich selbst betört. Kraft dieser Selbst-Narkotisierung
muß sie nicht spüren, wie schmerzvoll es ist, als Kind den Vater
verloren zu haben und wie unabänderlich die Treue ist, die sie
beschlossen hat, ihm zu wahren.

„Darf ich überhaupt einem anderen Mann angehören, wenn
mein Vater in Rußlands Boden vermodert?" war ihre innerliche
Frage. Deshalb ist diese „Betörung" aufzuklären. Deshalb muß
sich die Therapie der Wiederherstellung ihrer Nüchternheit und
Unterscheidungsfähigkeit widmen.

Wo ist die Sexualität geblieben?

Das könnte auch den Zugang zu Olgas stillgelegter Sexualität
eröffnen. Wenn Olga sehen könnte, daß niemand etwas davon

hat, wenn sie versucht, „himmlisch jungfräulich" zu sein, ja daß selbst ihr gefallener Vater mehr an Ehre und Würdigung seiner Existenz durch ihr volles Leben (Sexualität inklusive) erfahren würde, erst dann besteht die Chance, daß sie ihr eigenes Leben auch wirklich in die Hand nimmt. Anstelle der Schwärmerei für „himmlische Zustände" träte vorerst einmal die schrittweise und bescheidene Meisterung der irdischen Gegebenheiten.

Ohne rechtzeitige Therapie droht eine Psychose

Das alles sind therapeutische Ausfallsstraßen aus einer Sackgasse, in die Olga zu geraten drohte und die sie zuerst in Form einer manisch-depressiven Psychose zu bewältigen hoffte. Therapeutisch wunderbar wäre es gewesen, wenn sie erst gar nicht in diese ausweglose Sackgasse gekommen wäre. Wenn es möglich gewesen wäre, diese krtitische Entwicklung rechtzeitig abzufangen.

Nochmals die Anfangsfrage: Hätte Olga und ihre Umgebung der Therapie überhaupt zugestimmt?

Es ist anzunehmen, daß sie eher versucht hätte, mit dem spirituellen Rüstzeug ihrer Umgebung unter Umgehung der Psychotherapie ihre Balance zu halten. Das entspricht unzähligen Erfahrungen mit ähnlich gelagerten Klientinnen. Es kommt dabei aber eher eine Einzementierung der Problemlage denn eine Lösung zustande.

Psychotherapie als Exorzismus der Gegenwart

Wäre es Olga möglich gewesen, Psychotherapie als eine zeitgemäße Form dessen zu sehen, was in der Bibel „Exorzismus" hieß, dann hätte sie auch den Zusammenhang therapeutischer und spiritueller Arbeitsweisen verstehen können. Die gemeinsame Klammer ist die Suche nach der konkreten, faktischen, existentiellen Wahrheit. Auf Olga angewandt wäre das die Frage nach der Situation gewesen, die sie „Jungfräulichkeit" geloben ließ.

Diese den Menschen betreffende, ihm eingeschriebene „Wahrheit" heilt, wenn sie ans Licht kommen kann. Sie hätte vielleicht auch Olga geheilt, Glück vorausgesetzt (in spiritueller Sprechweise: „Gnade").

An dieser Wahrheit vorbei gibt es weder eine therapeutische noch eine spirituelle Heilungsmöglichkeit.

Was sagt der Glaube dazu?

„Einem einzigen bist du verlobt, damit du als reine Jungfrau vor Christus geführt werden kannst. Deshalb hat der Herr dich betört, und deshalb hast du dich betören lassen", heißt ein Kernsatz der Jerusalem-Regel (77).

Glaubensprobleme sind auch Weltbildprobleme

Befremdet mag man mit der Weltsicht der Gegenwart vor einem derartigen Bild stehen. Es schildert die Gottesbegegnung in einer Metapher, die aus dem Höhepunkt des antiken Frauenlebens genommen ist: Von der Kindheit an ruhig, steigert es sich rapide. Bei der Geschlechtsreife geht es dann darum, dem Bräutigam zu gefallen und alle Bedingungen – besonders die der körperlichen Jungfräulichkeit – zu erfüllen. (Dann verschwinden die Frauen in die hinteren Räume der Häuser, um Kinder zu gebären. Wenn sie diese Phase gesund überstanden haben, kehren sie als angesehene Matronen wiederum in die vorderen Räume, ja sogar in die Öffentlichkeit zurück.) Der Höhepunkt einer derartigen fraulichen Lebenskurve aber blieb die Hochzeit mit der Zuführung der Braut an den Bräutigam. Nichts kam diesem Geschehen an Glanz in einem Frauenleben gleich. Daher die „Reinheit", die „Unbeflecktheit", die „Keuschheit", auch die „Schönheit", die immer wieder besungen und hervorgehoben werden.

Wenn wir aber einmal die damalige Weltsicht in ihrer Intention gelten lassen – und das muß man, wenn man einen kirchlich-spirituellen Weg gehen will –, beginnen die Texte plötzlich zu

sprechen. Wie ein Echo dieser jahrtausendealten Liebe und An-
gezogenheit von Gott schreibt die Jerusalem-Regel heute noch:
„Du bist bezaubert von der Schönheit des Auferstandenen ...‟

Jedes Weltbild und jede Lebensperiode haben ihren jeweils
eigenen Zugang zum göttlichen Bereich. Das Erbe der „Jungfräulichkeit um des Himmelreiches willen‟ ist nicht so sehr ein bib-
lisch-jesuanischer Impuls, sondern vielmehr die Frucht einer
Betörung durch Gott. „Er hat dich in die Wüste geführt und
umworben‟, heißt es dort weiter (77).

Olga wird irgendeine solche Betörung auch von Gott her vernommen haben. Oder sollten wir besser „Berührung‟ oder „Beru-
fung‟ sagen? Sie selbst hätte nach der therapeutischen Klärung
und Entmischung (siehe oben) sicher eine Formulierung finden
können.

Alles Spirituelle braucht seine soziale Ausdrucksmöglichkeit

Die nicht nur für Olga wichtige Frage ist die nach der Form, in
die so eine „göttliche Betörung‟ gegossen werden kann. Kirchlich-spirituelle Lebensformen gibt es zahlreiche. Man muß nur
an die offiziellen Orden denken, an die Formen, die das Gemein-
deleben bereithält, und an noch zahlreiche neu entwickelte Zwi-
schenformen sozusagen, wie Vereine, Aktionsgruppen, Bewegungen etc.

Diese Formen stützen und sichern Menschen, wenn sie einem
spirituellen Ruf folgen wollen. Denn nach allen Erfahrungen, die
seit Jahrhunderten gesammelt wurden und die z. B. Ordensgemeinschaften weitergeben, gibt es gefährliche Zonen, die anläß-
lich eines „Aufstieges zu Gott‟ zu passieren sind. Gleichzeitig mit
einem Weg hinein in den göttlichen Bereich ist auch ein Auszug
aus dem Zeitgeist und dem Widerstand gegeben, den eine
Gesellschaft dem göttlichen Bereich entgegensetzt. Alle großen
sprituellen Wege kennen dieses Phänomen. Diese beiden Gegebenheiten zusammen machen „Berufungen‟ – irgendeine Anziehung durch den göttlichen Bereich – für diejenigen, die Folge leisten wollen, riskant.

Von der Tradition lernen: spirituelle Weg-Weisungen

Die stützende Begleitung und Behütung eines derartigen Rufes durch die Mitchristen und vor allem durch die Seelsorge hätte Olga bitter nötig gehabt. Vielleicht gab es niemanden, dem sie sich anvertraute, vielleicht wußte niemand mit einer „unentmischten und ungeklärten" Olga wirklich etwas anzufangen? Hätte es denn nichts gegeben, das Olga die Erfahrungsschätze der spirituellen christlichen Tradition zugänglich hätte machen können?

O doch! Es gibt genügend derartige Schätze. Es sei nur an die beiden bekanntesten Handlungsanweisungen erinnert, die für viele andere stehen. Denn um überhaupt Zugang zu einem spirituellen Weg zu bekommen, muß man vor allem wissen, was man selber unbedingt tun muß und was man auf keinen Fall tun darf, weil es vom Himmel geschenkt sein muß, soll es echt sein.

Die hermetisch-philosophische Grundhaltung

Die kirchlich-spirituelle Handlungslehre greift zum Teil auf die uralte hermetische Tradition zurück. „Schweigen–Wissen–Wollen–Wagen" heißen die Verhaltensregeln, die suchenden Menschen empfohlen werden. Jeder Punkt ist kostbar und benötigt Arbeit an sich. Aber der so entstehende Weg führt nicht in Leere oder in die Illusion einer Pseudoreligiosität. Erfahrung bestätigt dies.

Die Aufstiegslehre der europäischen Mystik

„Reinigung–Erleuchtung–Einigung" heißen die notwendigen Phasen eines echten spirituellen Weges, die zu bestehen sind. Die alten Mönchstraditionen überliefern sie bis zur Gegenwart. Die „finstere Nacht der Seele" als entscheidende Klippe (von Johannes vom Kreuz und Theresia von Avila prägnant formuliert) wird übrigens auch von Fritz Perls († 1971), dem Schöpfer der Gestalttherapie, unter der Bezeichnung „Impasse" (Engpaßstelle!) wiederaufgefunden und beschrieben. Er erachtete diese Entdeckung als die größte seines Lebens. Das ist eine Andeutung von Konvergenz zwischen Therapie und Spiritualität.

„Chuzpe" und „Zone der Täuschungen"

Darüber hinaus wissen wir von einer „Zone der Täuschungen" – manche nennen diese den „blauen Lügengürtel" –, durch die man durch muß. Sie versucht, täuscht und gaukelt dem Bewußtsein die größte Banalität als größte Erleuchtung vor. Ablenkungen in Irrwege aller Art lauern sozusagen an allen Ecken und Enden. „Die Welt will betrogen sein!" lautet ein Sprichwort, und es sieht bald so aus, als würde dieser Betrugsbereich zu allererst zu durchschreiten sein.

Diese knappen Andeutungen müssen vorerst genügen. Sie machen verständlich, daß die zu leistende spirituelle Arbeit, um einem außerordentlichen spirituellen Ruf zu entsprechen, kein Kinderspiel ist. Sie setzt Erwachsenheit voraus. Und da es sich um eine Betörung handelt, ist die Kenntnis der „Unterscheidung der Geister" unumgänglich.

Die Kirche hütet sie auf unterschiedliche Art und Weise. Auf jeden Fall aber zeigt auch Olgas Verlassenheit auf ihrer geistlichen Reise die dringende Notwendigkeit, das gesammelte Wissen und die gesammelte Erfahrung in die heutige Sprache und in die heutigen Lebensumstände zu übersetzen.

14 Hinweise zur Klärung von Betörungen aller Art
Regeln zur „Unterscheidung der Geister"

Nach folgenden Hinweisen könnte sich Olga (und könnten sich alle anderen suchenden Menschen) orientieren:
1. Authentische, nicht täuschende spirituelle Erfahrung ist immer von leiser, sanfter Art.
2. Sie ist respektvoll, behütend und ehrfürchtig allen Lebewesen gegenüber.
3. Sie fasziniert nicht wie ein Blitz, sondern leuchtet beständig.

4. Sie kommt nicht in Machtzusammenballungen daher, sondern ist von disziplinierter Kraft.
5. Sie polemisiert nicht, tritt nicht fanatisch auf und läßt neben sich viele Wege gelten.
6. Sie bemächtigt sich weder der Menschen noch des Himmels.
7. Sie ist gut, weil sie wahr ist. Sie verbreitet wie von selbst Schönheit um sich.
8. Sie kassiert nicht für sich, sondern strahlt aus und gibt weiter.
9. Sie sucht die Übereinstimmung der Herzen (Konkordanz).
10. Sie benötigt nicht uniforme Einheitlichkeit (Übereinstimmung der Hirne).
11. Sie ist nicht auf die Ergriffenheit durch einen ekstatischen Sog aus, sondern sucht in einer lebbaren Balance „Erde und Himmel" zu dienen.
12. Sie übernimmt die Früchte ihrer Tradition und formt sie in Glaube–Hoffnung–Liebe weiter aus.
13. Wo immer und wie immer möglich dient sie dem Leben.
14. Für den christlichen Weg gilt: Angezogen von der „erschienenen Herrlichkeit Gottes" (vgl. Tit 2, 11–13) läßt sie sich in die konkrete Kirche einfügen, um ihren Platz einzunehmen.

Diese Blickpunkte sind auf spirituelle Menschen, auf Phantasien, auf Theologien, auf Bilder, auf „Anmutungen", auf Inspirationen, Berufungen und – für unsere Fragestellung wichtig – auch auf *Betörungen* anzuwenden.

Was die „himmlische Jungfräulichkeit" heute bedeuten könnte

Das alles hält der Glaube für Olga (und ähnlich suchende Menschen) bereit. Vielleicht darf man sagen, daß ohne eine Psychotherapie als Grundklärung eine verständige Annahme eines „inneren Rufes zur Jungfräulichkeit" nicht gut möglich ist. Die Psychotherapie wie auch die Seelsorge muß kritische Einwendungen machen, um Korrekturen dieses Weges zu ermöglichen.

Denn bei der Schwierigkeit der „Unterscheidung der Geister" und dem „Sog des Absoluten" muß von vornherein eine ehrenhafte Korrekturmöglichkeit für selbstverständlich gehalten werden. Das betrifft die Frage der wiederverheirateten Geschiedenen ebenso wie die der verheirateten laisierten Priester, wie die der Mönche und Nonnen, die den einmal eingeschlagenen Weg nicht mehr ohne Krankheit durchstehen könnten.

Aber da ist noch etwas: Die Sicherheit, mit der wir uns über „klug" und „unklug" einer Lebensentscheidung ein Urteil erlauben, ist trügerisch. Und das gilt nicht nur für den spirituellen Bereich. Das ist schon bei viel „normaleren" Vorgängen, z. B. einer Partnerwahl, zu sehen.

Olga ist in ihrer Freiheit, einem Ziel zu folgen, auch als jemand zu achten, der von außen her nicht zu begreifen ist. Ganz allein steht sie da. Die geschichtlichen Stützen eines alten Ideals sind weggefallen.

Sie ist wagemutig und einsatzfreudig gewesen.

Von ihr kann man lernen, daß die „himmlische Jungfräulichkeit" eine traditionelle Formulierung für die „Ganzheit des Herzens" ist.

Mit dem körperlichen Hymen und dergleichen hat das längst nichts mehr zu tun.

Ganz im Gegenteil hätte eine liebevolle erotische Begegnung sie unterstützen können. Sie hätte dann wenigstens erfahren gehabt, was erotische Liebe ist. Das wäre ein Anfang in Sachen „Liebe" gewesen.

Ehre dem Unbegreiflichen auch in Olgas tragischem Leben.

Wo die Psychotherapie respektvoll stehenbleiben muß, hat der Glaube offene Horizonte voller Hoffnung bereit.

10. Beispiel:
„Das Priestertum ist doch etwas Homosexuelles!" Georgs Suche nach einer öffentlichen Lebensform für seine geheime Neigung

Die Eisenbahngeleise ziehen ein Netz über das ganze Land. Wo sie zu Knoten zusammenlaufen, stehen Eisenbahnersiedlungen. Rund um diese gibt es die Sportplätze „nur für Bahnbedienstete und ihre Angehörigen", Freizeitanlagen, Erholungsheime, Blasmusik und Schachklubs. Die Eisenbahnwelt ist eine Mini-Welt, eine Art „Kleruswelt": Einmal darin eingestiegen, erreicht man, den Geleisen folgend, Station um Station. Jeder kennt jeden. Die gemeinsame Ehre der Eisenbahner ist Teil des bescheidenen Lohnes. Natürlich gibt es Vergünstigungen: Frühpensionen, außerordentliche Vorrückungen und den großen Mythos der Bundesbahn: „Bei jedem Wind und Wetter immer am Weichenstellen und Geleiseputzen!" Schön ist es, ein Bundesbahner zu sein, gut ist es, in Breitstetten zu wohnen.

Georgs Vater war ein glücklicher Bundesbahner. Denn er wohnte mit Frau und zwei Söhnen in der Eisenbahnersiedlung. Jahrelang fuhr er die Westbahnstrecke hinauf (Richtung Linz) und hinunter (Richtung Wien). Viele, viele Nachtdienste hatte er zu übernehmen, wenig Zeit konnte er zu Hause verbringen. Bis eines Tages der große Absturz kam.

Plötzlich war es heraus: Georgs Vater war homosexuell. Er war „bei widernatürlichen sexuellen Handlungen in der Toilette von Linz-Hauptbahnhof um 23.45 von einem Wacheorgan beobachtet worden". Verlegenheit machte sich in der Siedlung von Breitstetten breit. Die Tore der Eisenbahnerwelt begannen sich zu schließen. Georgs Vater stand draußen. Auf Nebenlinien durfte er noch Dienst tun. Georg mußte die Schule wechseln. Eisenbahnerkinder können genauso grausam sein wie ihre Eltern. Sie stießen Georg und seinen Bruder aus. „Eine typisch schwarze Brut waren die schon immer!" hieß es. Etwas stimmte ja daran: Während Georg ministrieren ging, gingen seine Schulkameraden lieber zu den Roten Falken. Bundesbahner aus echtem Schrot und Korn sind immer schon Sozialdemokraten gewesen! „Und keine warmen Pfaffenbüberln", hieß es.

Die Mutter war entsetzt und entehrt. Wenn sie von Georgs Vater mit einer anderen Frau betrogen worden wäre – na, da hätte sie die Frage gestellt: „Was hat die, was ich nicht habe?" Da wäre ihr vielleicht etwas eingefallen. Aber mit einem Mann als Nebenbuhler? Sie war empört und tief gekränkt. Ihre beiden Söhne sollten die Schande der Familie wiedergutmachen.

So kam einer ins Schülerheim der Salesianer nach Linz. Er wurde später Ingenieur.

Georg aber war ein weicher, schöner Knabe mit einer guten Stimme. Er kam in das Knabenseminar eines Stiftes.

Sie selbst blieb allein in der Wohnung zurück. Im leeren Wohnzimmer hängte sie ein Herz-Jesu-Bild auf. IHN konnte sie nur allzugut verstehen: War es nicht auch SEIN verletztes Herz, das vor Liebe gebrannt hatte? Georg würde alles wiedergutmachen. Des Vaters Sünde hatte das Heiligste Herz Jesu beleidigt. Auch das Herz Mariens war beleidigt worden. Die heiligsten Herzen Jesu und Mariä warteten auf Sühne und Trost. Georg würde der Priester der Heiligsten Herzen werden.

Sein Abschied von der Mutter war herzzerreißend. Sie hatte alles Zusammengesparte aufgeboten, um die Kosten für Georg aufzubringen. Und sie hatte beschlossen, den Vater für seinen Verrat an ihr büßen zu lassen. „Der soll nur zahlen." Georg sah den Vater von da ab nur als Schatten, der gelegentlich auftauchte. Aber im Grunde war er gestorben. An seiner Stelle tauchte der Herr Dechant auf. „Wir werden schon alles zusammenkriegen, was für das Seminar notwendig ist", meinte er.

„Das Seminar ist ab jetzt deine Heimat, Georg!" Der hochwürdige Herr Regens drückte den Neuen an seine Brust und trocknete seine Tränen. „Wenn du reden willst, kannst du immer zu mir kommen. Wir sind eine große Gemeinschaft. Christus ist unser König, und die Jungfrau Maria ist unsere und auch deine Mutter. Ab jetzt wird sie dich behüten und begleiten."

Georgs Leben lief wie auf Geleisen dahin. Die Stationen hießen: Schlafsaal – Kirche – Speisesaal – Klassenzimmer – Sportplatz – Studiersaal – Kirche – Schlafsaal. Es war eine tägliche Rundreise sozusagen. Und wiederum kannte jeder jeden. Pünktlich ging der Zug des Morgens ab: 6.00 Uhr: „Benedicamus Domino!" Der Singsang des Präfekten begleitete das Anknipsen der Deckenlampe. „Deo gratias", hatten alle darauf zu antworten. Und dann ging's zum Waschen. (Vorhänge zuziehen! Unkeusche Blicke etc. etc!). Unter der großen Herz-Jesu-Statue mit dem Ewigen Licht an der Konsole vorbei in die Kapelle. Klasse für Klasse kniete schweigend. Ein Glöckchen ertönte, und der Herr Spiritual erschien. Er schwebte sozusagen zum Altar. „Keine sechzig Kilo kann der haben", und

man erzählte sich Wunderdinge von seiner heiligen Lebensführung.

Die heilige Sammlung bewahren. Die heilige Keuschheit
bewahren. Opfer bringen, bescheiden, unauffällig, gehorsam
sein. Wöchentlich beichten gehen. Die Kirchenzeitung brav
lesen. Beim Ministrieren eifrig sein. Beim Fußballspiel fröhlich,
beim Gesang konzentriert, beim Studium fleißig sein. Immer an
den einfältigen Heiligen Pfarrer von Ars denken. Ein demütiges
Vorbild für alle Priester! Dem Heiligen Vater ergeben und dem
Bischof als seinem Vertreter kindlich gehorsam ... So wurde man
ein „Herz-Jesu-Missionar" (wie die Gruppe der besonders hervor-
ragenden Seminaristen genannt wurde).

Georg war das alles geworden und pünktlich wie die Bundesbahn immer dort zur Stelle, wo er erwartet wurde.

„Bist ein wirklich braver Seminarist", sagte der Herr Regens
beim Abschiedsbesuch am Ende des ersten Jahres. „Aus dir
könnte ein guter Priester werden. Aber ein wenig öfter möchte
ich dich in Hinkunft sehen. Auch in meinem Beichtstuhl!"

„Könnte werden, könnte werden ...", sagte Georg mit leiser
Verzweiflung. Er hatte gegen die Selbstbefleckung zu kämpfen.
„Das geheime Laster! Die Erprobung aller wahren Nachfolger
Jesu männlichen Geschlechtes. (Gab es überhaupt Frauen? Im
Speisesaal sah man sie hinter der Durchreiche hin und her
huschen. Abgeschirmt von der geistlichen Küchenschwester
blickten sie dann und wann neugierig heraus. „Weg da! Da gibt
es nichts zu schauen!")

Es gab aber doch etwas zu schauen. Georg hatte Durchfall
bekommen. Das bescherte ihm zwei Tage in der Krankenstation.
Er war inzwischen in der 4. Klasse angelangt, und ein Wachstums-
schub samt leichtem Bartflaum zeigte die nahende Mannbarkeit
an. „Eine gefährliche Zeit für die heilige Berufung!" meinte der
Spiritual. „Wenn die Versuchungen zu stark werden sollten, müßt
ihr beten und eine Runde um den Häuserblock laufen!"

Aber Georgs Durchfall zwang ihn überfallsartig zur Abweichung vom Seminarfahrplan. Er mußte sich in der Nähe von Toi-
letten aufhalten, und so kam es, daß er eines Tages in aller Eile
in diejenige des Herrn Spirituals eilen mußte.

„Ein wunderbar-verrückter Ort", sagte er später. Sie war wie die Zelle im Inneren einer Pyramide gelegen: Unzugänglich, verschlossen. Unbekannt. Als ob sich aus ihrem Raum alles an Atmosphäre in den Seminarblock ergießen würde.

Alle vier Wände waren mit Ansichtskarten von Heiligen austapeziert. Der Herr Spiritual persönlich war am Werk gewesen. Offenbar ließ er, bei seinem so gewöhnlich-analem Werke sitzend, seine Augen über heilige Stätten wie Lourdes und Fatima gleiten, dann weiter über sehr heilige Sinnsprüche wie: „Immer wenn du meinst, es geht nicht mehr, kommt von irgendwo ein Lichtlein her ...!" Ein wunderbares Versmaß. Das mußte Georg zugeben. Das Jahresmotto der Deutschen Katholischen Jugend war gleich daneben zu lesen: „Rein bleiben und reif werden ist die schönste und größte Lebenskunst". Und rundherum klebten die Heiligen an der Wand: Die heilige Maria Goretti („Lieber sterben als sündigen!"), der heilige Aloysius von Gonzaga („Rein wie eine Lilie"), der heilige Bernhard von Clairveaux (verzückt in seine weiße Cuculla verwickelt die himmlische Jungfrau anstrahlend) und der heilige Papst Pius X. (der Erstkommunionpapst!) gleich neben dem strengen Pius XII. Wohin man auch blickte, heilige Pfarrer, heilige Mönche, heilige Nonnen, heilige Jungfrauen. Dazwischen einige putzige Engelchen mit sehr süßen Hinterteilchen und Lockenköpfchen, offenbar direkt aus dem Rom der Renaissance und dem Bayern der Rokokokirchen importiert, fleißig gesammelt und endlich festgeklebt.

Georg war beeindruckt, in dieser heiligen Kammer der zusammengeballten Zwiespältigkeit. Da saß er nun und wurde den Durchfall los. Indes strömte von oben her die heilige Himmelswelt des Seminares auf ihn ein.

In dieser Stunde entschloß er sich, auch die fünfte Klasse bis zur Matura im Seminar zu verbleiben, und wenn es noch so schwer sein sollte, er würde „lieber sterben als sündigen und ein heiligmäßiger Priester werden". Er reinigte sich, zog die Spülung und verließ die intime Kammer des Spirituals.

Viele Jahre später berichtete einer seiner Schüler, daß Georg tatsächlich vom „kleinen" in das „große" Priesterseminar gewechselt habe, daß er eine besondere musikalische Begabung vorweisen konnte und zum Studium der Kirchenmusik nach Wien geschickt worden sei. Dort muß es ein „Zwischenspiel" gegeben haben. Man munkelte von einer Orgelschülerin, die ihm in die Quere gekommen war ...

Aber schon ein Vierteljahr später fuhr Georg auf den vorgesehenen Geleisen weiter. Er wurde Domorganist und zugleich Seminarpräfekt. Das war der Sängerknaben wegen praktisch. Der Knabenchor wurde ihm zum Verhängnis. So viele unverdorbene zarte Knaben ...! Als er sich dabei ertappte, einen intensiv auf den Mund geküßt zu haben, ging er beichten. „Das ist eine Kleinigkeit!" sprach der Beichtvater gütig. „Es bleibt in der Familie. Schließlich werden die Knaben ja doch Priester und gehören dann zu uns!"

Ah ja! Das war's! Immer schon konnte Georg es nicht verstehen, daß schöne junge Männer sich in die Arme von Frauen warfen. Ist das nicht doch sehr viehisch? So gar nicht edel? Nein, das Priestertum ist doch irgendwie etwas Homosexuelles. So jedenfalls schien es ihm.

So kam es, das Georg eine Art Heimat im Klerus fand. Man mußte nicht mit einer Frau zusammen sein, um sie dann doch zu verlassen, man mußte auch nicht plärrende Kinder aufziehen und dergleichen. Man konnte in aller Ehre der edleren Liebe leben: der zu Klerikern, ob jung oder alt. Eine Art friedlicher Balance stellte sich bei Georg ein, er fühlte sich als Musiker zart inspiriert und verglich seine Lebensart mit der in Platons „Gastmahl" beschriebenen.

Später wurde Georg Monsignore und noch später Prälat. Seine feinsinnige Geistigkeit und seine gefühlsträchtige Kameraderie waren im Klerus gut aufgehoben und sicher gegen alle Einbrüche des Weiblichen abgesichert. „Wer heiratet, muß gehen! Wer fickt, der fliegt!" Das war die eiserne Regel der Orientierung. Die Geleise lagen innerhalb dieses Bereiches, und wie ein geregelter Zugsverkehr zirkulierten auf ihnen nicht wenige homophile Männer hin und her. Georg fühlte sich zugehörig.

Georgs Mutter war zufrieden. Ein Bub zum Hausherrichten, einer für den Himmel. Das blieb ihr vom Leben. Georgs Vater geriet außer Sicht der Familie. Irgendwann wird er wohl verstorben sein. R. I. P.

Was sagt die Therapie dazu?

Georgs Versuch, für seine homosexuelle Neigung einen anerkannten Ort zu finden, hat sich im Klerus erfüllt. Da ist alles vorbereitet gewesen, um zu dieser Lösung zu kommen. Das väterliche Eisenbahnnetz und das strukturgleiche klerikale Netz, beides Geleise der Lebensbewegung, waren seiner Seele vertraut. Dazu kam die homophile Prägung Georgs durch das Familienschicksal: Der Dienst an seiner Mutter, das Verhaltenstraining des „kleinen" Seminars, der warmherzige Männerbund der Priesterschaft, das alles tendierte in seine Richtung.

Die Frage nach der offenen Gestalt

Die offene Frage ist die nach Georgs wirklicher Lebensgestalt.
Welche sollte er persönlich eigentlich verwirklichen?
Was war seine eigene Agenda?
Das Knabenseminar als Kristallisationspunkt und Ort eigener Berufsbestimmung hatte über Georg den Sieg davon getragen.

Das Knabenseminar als Typus betrachtet

Dieses Knabenseminar war (bei allem Respekt!) einem Drucktopf zu vergleichen: Alles, was triebmäßig, anlagemäßig und entwicklungsbedingt zum Ausdruck kommen sollte, wurde durch Abschirmung zusammengedrängt. Die Lösung der angestauten Energie wurde durch konsequente Disziplin unterbunden, um in die Richtung „Priestertum" gedrängt zu werden.

Das dadurch entstehende seelische Leid war gleich der erste Beitrag zum zukünftigen Priestertum. Es sollte zur „Sühne für die Sünden so vieler Menschen" dem heiligsten Herzen Jesu aufgeopfert werden. Denn der Priester „ist ein Geopferter". Gleich einer kostbar geschmückten Opfergabe wird er bei der Primiz zum Altar geleitet. Die Priestermutter hinter und die Primizbraut im fleckenlosen Weiß vor ihm. Auf keinem Frauenleib sollte seine Hand ruhen, jene Hand, die fortan hauptsächlich zum Segnen und Konsekrieren der heiligen Hostie bestimmt war.

Sportliche Leistungen und viele kulturelle Aktivitäten zierten und rundeten das Bild vollends ab.

Aber mitten in diesem kultisch-mythischen Gesamtschauspiel steckten zuerst kleine Buben, dann junge Männer, dann Erwachsene und alt gewordene Greise. Sie alle mußten mit dem Liebesverbot des Zölibates leben, wollten sie nicht vom Weihealtar ausgeschlossen werden oder die Standeszugehörigkeit zum Klerus verlieren.

Das Knabenseminar bündelte und verdichtete atmosphärisch dieses Weltbild. Es ist ein „süßes Gift". Es verheißt die höchste Glückseligkeit auf einer Basis persönlicher Betäubung. Für Georg war es die Möglichkeit, ein Problem nicht zu lösen. Dieses Grundproblem seines Lebens war die in ihm selbst gelegene Verfügung über sein Leben:
– die Frage nach seiner Männlichkeit,
– nach seiner Liebe,
– nach seinem realen Verhältnis zu Frauen und Männern
– und nach einem notwendigen Abschied von seiner Familie.

Welche therapeutischen Möglichkeiten gäbe es?

Wenn man bei der bildlichen Darstellung bleibt, die das Atmosphärische des Geschehens wesentlich besser einzufangen weiß als andere Arten der Beschreibung, so wäre die entscheidende Möglichkeit diejenige, von den eingefahrenen Geleisen wegzukommen.

Suche den persönlichen Weg!

Die Notwendigkeit dieser persönlichen Weg-Suche ergibt sich aus tausendfacher therapeutischer Erfahrung: Man kann nicht auf längere Dauer sehr weit weg von der eigenen, inneren Wahrheit leben. Ein Mensch wird krank, wenn er das versucht. Der

Mensch ist ein Wahrheitswesen. Er muß wenigstens minimal mit sich selbst ident sein, um psychisch gesund leben zu können.

Die verführerisch-süße Atmosphäre katholisch-kirchlicher Milieubildungen bedarf eines steten Korrektives. Die Therapie würde also an jeder Stelle nach der eigenen Wahrnehmung fragen. Sie würde die Introjekte (das sind sozusagen in sich hineingefressene Autoritäten etc.) suchen. Und würde dafür sorgen, daß sie wiederum herausgegeben werden können. Die Szene in der Toilette des Spirituals ist dafür sehr sprechend: Was von oben so betörend einwirkt, geht durchfallsartig wieder aus Georg nach unten weg.

Falls das aushaltbar und möglich ist, entsteht ein freierer, handlungsfähigerer Georg, der sein Leben verantworten kann. Ganz ohne vorfabrizierte Geleise.

Was sagt der Glaube dazu?

Nenne das Gift bei seinem Namen!

In der Praxis wird es ein derartiges vorkonziliares Knabenseminar gar nicht mehr geben, Gott sei Dank. Aber es gibt immer noch genügend Opfer wie Täter eines Seminarsystems, das in sich krankmachend war. Und es gibt den gefährlich zufriedenen Georg, der die Gefahren nicht sehen will, die er mitproduziert. Es gibt auch abgestufte Formen des Seminartypus.

Der Glaube wird sich zu allererst von dieser „verführerischen Süße des Giftes" unterscheiden müssen.

Ein Exorzismus ist fällig

Die Ineinssetzung von menschlicher Verirrung und göttlicher Verordnung ist zu bezeichnen und aufzulösen. Dazu ist notwendig, daß der Glaube die realen Fakten beim zutreffenden Wort nimmt.

Ein Vorschlag dazu könnte sein:

1. Homosexualität ist ein schweres Schicksal. Der Ausdruck „Triebvariante" tut so, als ob der Verzicht auf eine zeugende fruchtbare Liebe eine Kleinigkeit wäre. Ist er aber nicht.

2. Die Verstoßung und Mißachtung des Vaters ist keine Basis, um ein „Vaterunsergebet" weiterhin sprechen zu können.

3. Es gibt kein katholisches Opferpriestertum. Ein Opferpriester ist ein kultischer Schlächter, der böse Gottheiten brutal befriedet. Ein katholischer Priester ist „nicht ein Herr, sondern ein Diener eurer Glaubensfreude" – ein Seelsorger für Christen (2 Kor 1, 24).

4. Jugendliche einer Seminarwelt ohne Frauen und Mädchen, ohne Eltern, aber dafür mit Gruppendruck und starken himmlischen Normenbindungen auszusetzen ist – nach dem heutigen Erkenntnisstand – pädagogisch kriminell.

5. Seminare mit einem Liebesverbot des Zölibates samt übriger katholischer Sexualmoral führen zu wollen, heißt ganz vorsätzlich Päderastie – also Mißbrauch – zu produzieren. Die Täter-Opfer-Spirale ist als solche ohne Rücksicht auf larmoyante Loyalitäten zu bezeichnen.

6. Indem der Glaube alles das beim Namen nennt, bringt er diese Krankheitsursache ans Licht und hofft mit dem Text des Epheserbriefes, daß es dadurch „Licht wird" (Eph 5, 13).

7. So könnte Form und Inhalt eines heutigen Exorzismus aussehen.

II. Heuchelei als Symptom der Kirchenkrankheit

11. Beispiel
„Mir ist mein Mund offenstehen geblieben." Die Suche nach der „Wahrheit darunter"

Linda schreibt: „Ich hatte ein Stipendium für Rom. Bei einem Empfang wurde ich einem Jesuiten vorgestellt, der sich erbötig machte, mir die Stadt zu zeigen, was ich gerne annahm. Bei unseren Wanderungen kamen wir auch in die Via Sistina. Da sagte mein Begleiter: ‚Du bist nun erwachsen genug, daß du auch die Realitäten des Lebens in dieser Stadt kennenlernst.' Dann wies er in dieser Gasse auf drei Häuser und sagte: ‚Dieses hier ist ein Puff für Kardinäle, das dort ist eines für Monsignori, und jenes ist für gewöhnliche Geistliche.'

Mir ist mein Mund offenstehen geblieben.

Ich glaube, daß die derzeitige Kirchenkrise zu mehr als fünfzig Prozent von der Heuchelei hervorgerufen wurde, und dies nicht nur in Österreich, Deutschland, ja in ganz Europa und den USA.

Warum müssen Priester den Zölibat leben, wenn Gott die Sexualität geschaffen hat? Das ist doch wider die Natur! Was hat der Papst und Vatikan davon? Biblisch ist der Zölibat nicht zu begründen. Die katholische Kirche wird dadurch nur unglaubwürdig. Viele Christen verlieren ihr Vertrauen und wenden sich ab … und es ist keine Wende in dieser Angelegenheit zu sehen …"

Der Brief formuliert zutreffend und knapp die Fragestellung.

Sie beantwortet sich nicht theoretisch. Das hat der Abschnitt über die „himmlische Jungfräulichkeit" gezeigt. Sie beantwortet sich praktisch.

Die Heuchelei als Symptom macht auf eine Wahrheit aufmerksam, die unter dem Problem liegt.

Die Heuchelei ist ein kirchlich-klerikales Leitsyndrom geworden

Das Entstehen der Heuchelei setzt immer eine kontrollierende Instanz voraus. Historiker sagen, daß mit Beginn der Zölibatsbe-

wegung (also ungefähr ab dem 4. Jahrhundert) die Laien den
Klerus hinsichtlich der Einhaltung der sexuellen Enthaltsamkeit
vor dem Gottesdienst zu kontrollieren begannen.

Man konnte neun Monate nach den Hochfesten und Feierta-
gen sehen, ob die Enthaltsamkeit durchgehalten worden war.
Mit einigem Auf und Ab ist das Argwöhnen und Beobachten als
„Kirchentratsch" eine Begleiterscheinung der Heuchelei.

Was sagt die Therapie dazu?

Heuchelei stiftet immer Schaden

Es gilt auf eine Regel zu achten: Je autoritärer eine Organisation
strukturiert ist, desto heuchlerischer verhalten sich die Funk-
tionäre dieser Organisation.

Der Schaden, den die Heuchelei anstiftet, ist die existentielle
Differenz zwischen der faktischen Wahrheit und einem Bild, das,
diese verdeckend, darübergebreitet wird. Therapeutische Erfahrungen bestätigen, daß Heuchelei als Folge einer Sexualmoral
auch zur Ursache für weitere psychische Schäden werden kann.
Deshalb kann man davon ausgehen, daß es immer besser ist,
Heuchelei zu reduzieren oder überhaupt aufzugeben, als sie aus
„Klugheitsgründen" fortzusetzen. Die vergiftende Wirkung auf
zwischenmenschliche Beziehungen ist offenkundig.

Historiker weisen auch darauf hin, daß die Reformation in
England auch wegen der weitverbreiteten Heuchelei des katholischen Klerus (Klöster inklusive) sehr leichtes Spiel hatte. Die
Bevölkerung war zufrieden, wenn die Pfarrer verheiratet waren
und in ordentlichen, überschaubaren Verhältnissen lebten. Das
beruhigte die Gesamtsituation und wirkte auf die Gesellschaft
im positiven Sinne.

Heuchelei und Glaubwürdigkeit hängen voneinander ab: Je
kleiner die Heuchelei, desto größer die Glaubwürdigkeit.

Welche therapeutischen Möglichkeiten gäbe es?

Zugeben, was der Fall ist

Die Grundmöglichkeit der Therapie ist die Erfahrung der Wahrheit
– ein evidenter Vorgang. Dieser Vorgang ist zum Thema zu machen.

Sich in der therapeutischen Arbeit der realen, faktischen
Wahrheit annähern, diese zugeben und dann Stellung nehmen,
ist ein Gesamtprozeß. Er hat die Richtung: von der Verdeckung
zur Deckungsgleichheit mit sich selbst.

Deshalb müssen wir nicht viele Worte machen. Es ist allgemein bekannt, daß Deckungsgleichheit glücklich macht und
Heuchelei nicht.

Was sagt der Glaube dazu?

Zur „Wahrheit darunter" stehen ist ein religiöser Vollzug

Als Beispiel, das für sich spricht, sei der Mönch Thomas Merton
O. Cist. genannt. Er erfährt die unter der Heuchelei liegende
Wahrheit der Erotik.

Thomas Merton war nicht irgend jemand. Er stand an führen-
der Stelle der amerikanisch-katholischen Klosterbewegung. Als
Journalist trat er in den strengen Trappistenorden ein und galt als
Mystiker und spiritueller Lehrer von hohem Rang.

Plötzlich passierte etwas Unerwartetes. 1992, etwa zwei Jahre
vor seinem jähen Tod, lernte er die Krankenschwester Martie
Smith kennen und verliebte sich in sie. Dadurch eröffnete sich
eine ganz neue Perspektive für ihn. Statt zur Heuchelei Zuflucht
zu nehmen, wählte er den Weg der Offenheit. Sein Brief an Martie und sein Gedicht sprechen für sich.

*Der Zölibat unterbietet die erotische Liebe. Das ist die Wahrheit.
Alles andere Heuchelei.*

„Der Mensch", schreibt Thomas Merton, „ist am menschlichsten,
und am meisten wird seine Menschlichkeit auf die Probe gestellt
durch die Qualität seiner Beziehung zu einer Frau ...

Im Kloster geht man von dem Ideal aus, daß wir mit unserem Gelübde der Keuschheit die eheliche Liebe übersteigern in etwas Reines, Perfektes ...

Doch das Problem ist: Wie kann man weiter gehen mit etwas, das man überhaupt noch nicht erreicht hat?"

Darauf kann man nur antworten: Man kann nicht weiter gehen, wenn man nicht zum Heuchler werden will.

An seine geliebte Martie Smith schreibt er: „Die Liebe bringt Dich außer Dich. Du verlierst die Kontrolle über Dich! Du ‚fällst‘, Du wirst verwundet ...!' ‚Du fällst‘, wenn Du von einer Kraft davongetragen wirst, die außerhalb Deiner Kontrolle existiert. Wenn Du einmal begonnen hast, kannst Du nicht mehr aufhören! Du bist verloren, Du weißt nicht, wohin das führt ... Tief, ganz tief in uns drinnen, Liebling, gibt es etwas, das uns anweist, uns vollständig loszulassen. Das meint nicht nur das Loslassen, wenn die Kleider zu Boden fallen, und sich die Körper aneinander pressen, ohne Stoff dazwischen. Nein, es geht um die viel aufregendere Auslieferung, daß sich unser Sein selbst der Nacktheit der Liebe ausliefert, es geht um die Vereinigung, bei der kein Schleier der Illusion mehr zwischen uns ist.

Liebling, ich sehne mich bis zum Wahnsinn danach. Verstehst Du das? Brauchst Du mich genauso?"

Erotik oder Spiritualität? Erotik als Spiritualität?

Die drei Bordelle – strikt hierarchisch geordnet – in der Via Sistina heucheln einem Kirchen-Bilde zuliebe. Die Prostituierten arbeiten an dem Bild einer zölibatär-klerikalen Kirche mit. Das entspricht dem alten Paradigma. Es geht davon aus, daß Erotik und Spiritualität einander ausschließen. Noch heute vertreten engagierte konservative Katholiken die These: „Zölibat muß sein! Die zur Priesterweihe vor dem Altar hingestreckten jungen Männer müssen bleiben! Aber Zölibat muß nicht 24 Stunden am Tag gehalten werden!" Das bedeutet: um der Wichtigkeit des Kirchen-Bildes willen Heuchelei zu fordern und das menschliche Leid von Frauen und Kindern glatt mit zu riskieren.

Das Thema „Folgen des Zölibates" ist ein sehr umfangreiches und schreckliches. Es zeigt, daß Verleugnung einer so kostbaren Realität, wie Erotik sie ist, kein belangloses Risiko darstellt.

Thomas Merton geht den umgekehrten Weg. Erotik ist nach seiner Erfahrung der Zugang zur Spiritualität, und sein Brief bezeugt das in authentischen Worten. Auch sein Gedicht:

Der Tod ist nicht so stark
Seide ist stärker.
Der Abdruck Deiner Brüste
in meinem Herzen.
Tief in mir
ist Dein köstlicher Hügel
Tief in mir
Dein seidener Schrei.

Wenn ein wertloser Anfang
Strahlenden Feuers
Aus dem Herzen aufsteigt
Und der Abend seine Flamme wird
Die alle Propheten
Richtig voraussahen
Zieht Klarheit überall ein
Erschafft die ganze Welt
Noch einmal
Gäbe es nur diese eine Liebe
Die jetzt unsere Welt ist.

Ordensgelübde als Grund zur Leugnung?

Bezeichnenderweise dementieren die Mitbrüder von Thomas Merton auch noch Jahre nach seinem Tod, „daß er die Gelübde übertreten hätte". Aber was sind schon Gelübde angesichts einer derart heilig-erotischen Realität? Wer behütet diese?

Vom Glauben her gesehen sind Gelübde eine überholte Form der Frömmigkeit (Mt 5,33: „Abermals habt ihr gehört, daß gesagt wurde: ... Halte dem Herrn deine Eide! Ich aber sage euch: Überhaupt nicht schwören!")

Und angesichts einer auftauchenden Wahrheitsgestalt nicht berührt zu sein und lieber „beim alten" zu bleiben, fällt unter das Wort:

„Und das Leben war das Licht der Menschen.
Und das Licht scheint in der Finsternis.
Und die Finsternis ergriff es nicht." (Jo 1, 4–5)

„Mann und Weib und Weib und Mann reichen an die Gottheit an!"
(Mozart/Schikaneder)

Der Glaube weiß auch um einen Heilsprozeß innerhalb der Geschichte mit einer heute aktuell werdenden Perspektive. Er bezeugt diesen Prozeß und ruft ihn aus. Er macht auf das aufmerksam, was in den Tiefen der Geschichte vorgeht, damit alle mitarbeiten können anstelle eines Widerstrebens, das Heuchelei genannt wird.

P. Pierre Teilhard de Chardin SJ. hat in seinem Brief an eine Frau so formuliert: „Nicht auf menschlichen ‚Monaden', sondern auf ‚Dyaden' beruht die Geistigkeit. Nicht isoliert, sondern als vereinigte Paare sollen die zwei, die männlichen und weiblichen Teile der Natur, zu Gott aufsteigen." Er sucht eine „andere Art zu lieben", eine „Evolution der Keuschheit", die Fruchtbarkeit ein- und nicht ausschließe. Er bekennt, daß sich in ihm nichts entwickelt habe, „es sei denn unter dem Blick und dem Einfluß einer Frau". So plädiert er – kongenial mit Thomas Merton – dafür, „sich der Leidenschaft zu bemächtigen, um sie dem Geist dienstbar zu machen".

Das sind die Perspektiven, die in der „Wahrheit darunter" spürbar werden. Die katholische Sexualmoral verführt dazu, diese Wahrheit abzuwehren, wenn nicht gar abzutöten. Das ergibt eine ganz schlimme Form von Kirchenkrankheit, die sich durch kirchliche Milieus und durch die Person einzelner Menschen frißt.

Im Tod schimmert die Wahrheit durch

Thomas Merton ist aus seinem Kloster nicht ausgetreten. Er zog sich als Einsiedler in den Wald zurück. „Der Wald ist meine geliebte Frau", schrieb er an einen Freund ...

Als Teilnehmer auf einem spirituellen Kongreß in Bangkok ist er in seinem Hotelzimmer bei Berührung einer schadhaften Nachttischlampe verstorben.

12. Beispiel:
„Es gibt so viele liebe Menschen, die Gott – wenn es ihn gibt – durchscheinen lassen." Die Wahrheit über ein Priesterbegräbnis

In der landschaftlichen Schönheit eines südösterreichischen Bundeslandes lebte ein älterer Pfarrer samt seiner Haushälterin sein bescheidenes Leben. Vier kleine Gemeinden hatte er zu betreuen, und die Bauern und Holzarbeiter hatten etwas Mühe, den „studierten Herrn Pfarrer" als den ihrigen anzunehmen. Was kein Wunder war. Er war eigentlich ein Bibelwissenschaftler, und man fragte sich nicht ganz zu Unrecht, was er denn in Niederdorf und Oberdorf, in Mariahöh und Schloß Frein zu tun habe? Obendrein begann er damit, auf den Pfarrwald zu sehen, und mußte feststellen, daß seine Vorgänger von den Leuten ausgenommen worden waren: Für ein paar Bier diesen Baum und für einen Krug Wein gleich fünf oder auch zehn. Das hing vom alkoholischen Zustand seiner Vorgänger ab ... Das stellte er ab und schuf sich damit Feinde in den Pfarren. Aber davon abgesehen ging alles seinen Gang, und die Jahre verstrichen. Einträchtig wanderte der Pfarrer mit seiner Haushälterin die Waldstraßen zwischen seinen vier Ortschaften hin und her. Sie las ihm dabei aus den Neuerscheinungen seines Faches vor. Er fuhr „zum Ausgleich dafür" einmal wöchentlich mit ihr in die Stadt ins Theater.

Plötzlich wurde der alte Pfarrer krank und starb.

An seinem offenen Grab war traditionellerweise alles versammelt, was in den vier Ortschaften Rang und Namen hatte. Es kamen die Nachbarpfarrer und sogar der Herr Generalvikar persönlich, um ihn einzusegnen. Als alles dem Ritus gemäß dem Ende zuging, trat plötzlich Paula hervor. Sie war eine junge Studentin und hierorts bislang fremd gewesen. Ohne viel zu fragen, begann sie ihre Traueransprache: „Lieber Vater!" sagte sie laut und vernehmlich. „An deinem offenen Grabe will ich dir danken für alles, was du unter so schwierigen Umständen für mich getan hast. Du warst ein Ordensmann mit einer Universitätskarriere vor dir. Du hast meine liebe Mutter und mich nicht im Stich gelassen. Du bist ein Landpfarrer geworden, um in der Nähe des Internates sein zu können, in dem du mich untergebracht hast. Zusammen mit dir, liebe Mutter", sie wandte sich dabei an die Haushälterin, „hast Du mich wöchentlich besucht. Ich danke euch, ihr lieben Eltern, und ich möchte allen sagen, daß euer verstorbener Pfarrer Dr. O. mein Vater war und daß hier meine Mutter steht. Ich bitte euch alle, ihnen ein gutes Andenken zu bewahren, wie auch ich stolz darauf bin, derartige Eltern zu haben. Bitte steht meiner Mutter in den schweren Wochen zur Seite ..." An dieser Stelle ihrer kurzen Ansprache mußte Paula weinen, und das war die Gelegenheit, sie vom Grabe wegzuführen und das Begräbnis rasch zu beenden.

Ist da noch etwas hinzuzufügen? In der Bezirkszeitung dachte man, daß nichts mehr zu sagen wäre, und erwähnte lediglich, daß das Begräbnis des Pfarrers Dr. O. stattgefunden habe.

Paula wollte einige Wochen später aus des Vaters vier Pfarrhöfen jeweils ein Andenken erbitten. „Das hätten Sie früher sagen müssen!" ließ sich der neue Pfarrer vernehmen. „Im übrigen: Sie haben hier überhaupt nichts zu suchen. Daß man Ihnen das noch sagen muß!" Paula fand aber auch andere Menschen in den vier Ortschaften. Sie luden sie zu sich nach Hause ein und dankten ihr. „Es war höchste Zeit, daß einmal die Wahrheit an den Tag kommt!" sagten die einen. Und die anderen setzten hinzu: „Wir haben ihn nicht recht verstanden, ihren Vater. Aber er war ein guter Pfarrer. Sie haben ihm seine Ehre wiedergegeben. Und der Fini auch. Was muß diese Frau alle die Jahre wohl mitgemacht haben? Schade, daß Ihr Vater Sie nicht zu Lebzeiten so über ihn sprechen hörte ... Alle Achtung!"

„Es gibt so viele liebe Menschen", schrieb sie in einem Brief, „die Gott, wenn es IHN gibt, durchscheinen lassen. Herzliche Grüße, und vergeßt meine Eltern nicht, auch wenn jetzt alles anders ist, als es ausgesehen hat."

III. Im Zentrum der Kirchenkrankheit lauert die Hölle

Wenn man die einzelnen Formen der Kirchenkrankheit an sich vorbeiziehen läßt, wenn man auf ihre Wirkung achtet und wahrzunehmen versucht, woher sie eigentlich wirken, so gelangt man am Ende vor das „Auge Gottes". Von dort geht es über das Jüngste Gericht zur Hölle.

Das höllisch-gerechte göttliche Auge

Es sieht alles. Es sieht überallhin. Vor diesem Auge gibt es keine Rettung.

Es ist nicht der behütende Blick eines liebevollen Elternpaares, das über seine Kinder wacht, um sie vor Gefahren zu schützen, sondern es ist der verurteilende und strafbereite Blick des „göttlichen Richters". Dieser ist vor allem ein gerechter Richter. Bis ins 19. Jahrhundert war die „göttliche Gerechtigkeit" ein Zentralpunkt theologischer und vor allem seelsorglicher Überlegungen.

Die Sünde beleidigt die göttliche Gerechtigkeit. Sie legt sich mit seiner Allmacht an. Und deshalb fährt zur ewigen Feuerhölle, wer in der Sünde stirbt.

Die gesamte kirchliche Seelsorgepraxis der vergangenen Jahrhunderte war wie ein Rückstoß vom Abgrund der Hölle weg.

Die Furcht vor der Hölle ist eine Gnade?

Gegen Höllenängste hat die Therapie einen schweren Stand. Sie sind durch die Geschichte der Menschheit und durch die Katechese (der vergangenen 200 Jahre mindestens) tief in das Bewußtsein der Menschen eingegraben.

Die folgenden Beispiele geben ein spürbares Gefühl der Atmosphäre, die rund um den Höllenglauben entsteht. Sie umfassen einen Zeitraum von rund 2.500 Jahren, und sie erstrecken sich vom Vorderen Orient (mit dem Zentrum des ägyptischen Alexandria) bis in die Gegenwart.

Sie geben jeder Angst und Furcht absolute Verstärkung oder ihre Begründung. Papst Johannes Paul II. sagte noch am 6. Oktober 1986 in Ars: „Die Furcht vor der Hölle ist eine Gnade, um die wir beten müssen."

Höllenschreck und Höllenstrafe. Sechs Texte

1. Text: Plato (um 400 v. Chr.) schreibt im Dialog „Gorgias":
„Und er (der Richter) sieht, wie die Seele durch Willkür, Üppigkeit, Übermut und Unbesonnenheit im Handeln mit Maßlosigkeit und Schändlichkeit beladen ist. Bei diesem Anblick aber schickt er diese sofort mit Schimpf und Schande in den Kerker, wo sie die verdiente Strafe erdulden soll ... Anderen dient es zum Nutzen, wenn sie sehen, wie diese für alle Zeiten ihrer Sünden wegen die größten, schmerzhaftesten und entsetzlichsten Leiden ausstehen und dort im Hades im Gefängnis geradezu als Beispiel aufgehängt sind."

Öffentliche Gerichtsverhandlungen, Folter, Gefängnis und abschreckendes Zurschaustellen der Verurteilten gehörte zum politischen Alltagsbild der Zeit. Ganz selbstverständlich gehen diese Elemente in das Weltbild wie auch in die Höllenschilderung ein. Der menschliche Richter sollte der Repräsentant der göttlichen Gerichtsbarkeit sein.

2. Text: Auch Jesus warnt vor der Hölle
„Und fürchtet euch nicht vor denen, die den Leib töten, die Seele aber nicht töten können, sondern fürchtet vielmehr den, der Seele und Leib verderben kann in der Hölle!" (Mt 10, 28) „Dort wird Heulen und Zähneknirschen sein" (Mk 8, 11).

Es wären noch viele Zitate aus der Bibel anzuführen. Besonders oft wurde in den späteren Jahrhunderten der Text des Gleichnisses Jesu „Vom armen Lazarus und dem reichen Prasser" (Lk 16, 19–31) kommentiert;

Aber auch der Reiche starb und wurde begraben. Und als er im Totenreich, von Qualen geplagt die Augen erhob, sah er Abraham von ferne und Lazarus in seinem Schoß. Und er rief mit lauter Stimme: „... Vater Abraham erbarme dich meiner, denn ich leide Pein in dieser Flamme ...‟‟

Ebensooft wurde die Apokalypse des Johannes – das letzte Buch des Neuen Testamentes – ausgelegt. Im 4. Evangelium (nach Johannes) fehlt hingegen ein Höllenbericht.

Trotzdem: Verglichen mit späteren, wirksamen Texten sind die Bibeltexte insgesamt relativ nüchtern, schmücken die Höllenstrafen nicht aus und warnen lediglich vor der Ansicht, man könne ohne jegliche Verantwortung ganz einfach tun, was man wolle. Jedes Tun hat Folgen, und jedes Leben kann absolut mißlingen. Die Hölle ist der ewige Ort derer, die von sich aus Gott verworfen haben.

Die sadistische Freude der Gerechten über die Verdammten in der Hölle

3. Text: Der Kirchenschriftsteller Tertullian (um 205 n. Ch.):
„Das wird ein großartiges und für die Frommen erfreulicheres Schauspiel sein als Gladiatorenkämpfe und Tierhetzen. O, wie werde ich jubeln, wie werde ich lachen, wie werde ich entzückt sein, wenn ich so viele vergötterte Kaiser ... in der Finsternis klagen höre, wenn ich die Philosophen mit ihren Schülern brennen, die Schaupieler im Feuer herumtanzen, die Wagenführer mit feurigen Rädern fahren sehen werde ...

Und in der vollen Gewißheit, dieses Schauspiel einst zu genießen, freue ich mich schon jetzt darauf.‟

Der Höllenschreck hat seinen Preis

4. Text: Sadismus heute
Die lange Linie dieser sadistischen Lust am Leiden der Verdammten hält bis zu Gegenwart an. Auf einer Tagung „Psychotherapie und Religion‟ bekannte ein freikirchlicher Christ:
„Ich freue mich zwar nicht am Höllenleiden der Sünder, aber doch daran, daß ich sehen werde, wie Gott endlich, endlich die Sünde bestraft! Diese Freude steht mir zu!‟

Ein katholischer Theologe setzte hinzu:

„Ich wäre ja blöde, wenn ich mich ein Leben lang bemüht hätte, die Gebote Gottes einzuhalten, und am Ende die Sünder nicht ewig bestraft würden ... Wozu dann das alles? Außer Spesen nichts gewesen?"

Der Höllenschreck hat seinen Preis. Damit die Gerechten gerecht bleiben können, müssen die Sünder bitter bestraft werden. Jesus war überhaupt nicht dieser Meinung, wie schon seine Gleichnisreden zeigen: Zum Beispiel das vom verlorenen Sohn (Lk 15, 11–32 u. a.).

Höllen-Politik: „Keine Erlaubnis für fleischliche Priesterehen"

5. Text: Die heilige Birgit von Schweden († 1373)

Birgitta von Schweden war (angeblich glücklich?) verheiratet gewesen und hatte acht Kinder geboren. Nach dem Tod ihres Mannes trat sie in ein Kloster ein und hatte zahlreiche Visionen. Ordensleute schrieben diese mit und gaben sie lateinisch unter dem Titel „Revelationes coelestes" (Himmlische Offenbarungen) heraus.

Wir gewinnen in die Welt der Bilder, Phantasien, Ängste und Stimmungen des Hochmittelalters Einblick. Als tiefliegende Bildungen der Seele Europas sind sie auch heute noch in den Grundzügen anzutreffen. Der Strom, der sie gespeist hat, hat nicht aufgehört, weiterzuwirken. Deshalb sind sie therapeutisch und spirituell von Wichtigkeit.

Birgittas Offenbarungen sind Schilderungen göttlicher Tribunale gegen „Feinde. Denn zu meinen Freunden, die meinem Willen folgen, spreche ich nicht". So spricht vorgeblich Christus durch Birgitta als seiner Braut und Offenbarungsmittlerin.

Vor diesem Tribunal muß z. B. ihr verstorbener Mann erscheinen. Ein Dämon liest aus einem Buch Gott die sieben Laster der Seele ihres Mannes vor.

Vor diesem Tribunal müssen aber auch „alle Kleriker, Erzbischöfe, Bischöfe und alle unteren Amtsträger der Kirche" erscheinen. „So groß ist eure fleischliche Lust, daß ihr lieber

ohne mich sein wollt, als daß ihr eure ungeordnete Begierde
aufgebet ... Deshalb schwöre ich euch bei meiner Gottheit:
Wenn ihr in diesem Zustand sterbet, worin ihr euch jetzt befindet ... werdet ihr so tief in die Hölle gesenkt werden, daß alle
Teufel über euch sein werden, trostlos euch peinigend; wegen
eurer Geilheit sollt ihr mit schrecklichem, teuflischem Gift
gefüllt werden ...

Auch dies sollst du wissen, daß ein Papst, der den Priestern die
Erlaubnis geben würde, eine fleischliche Ehe einzugehen, von
Gott durch einen solchen Richterspruch geistlicher Weise verworfen würde, wie jener Mensch, der sich so schwer vergangen
hatte, daß man ihm nach der Gerechtigkeit des Rechtes leibli-
cher Weise die Augen ausstach, die Zunge samt den Lippen und
die Nase samt den Ohren abschnitt, ihm auch die Hände und
Füße abschlug und alles Blut seines Leibes ganz und gar vergoß
und zur Erstarrung brachte und außerdem dann seinen blutlee-
ren Leib den Hunden und anderen wilden Tieren zum Fraß vor-
warf ... Selbst wenn der heilige Papst Gregor der Große dies
angeordnet hätte, würde er gemäß diesem Urteil nie mehr von
Gott Barmherzigkeit erlangen."

Texte dieser Art gab und gibt es bis zur Stunde genügend. Mit
ihnen wird Kirchenpolitik gemacht. Die Androhung der Hölle
wirkt. Das bedeutet, daß sie von einem nicht geringen Teil des
Kirchenvolkes angenommen wurde. Bis heute ist das möglich.
Das ist das Problem.

*Höllen-Aufschaukelung: „Die Hölle, die Hölle! Wie leid tun mir die
Seelen, die in die Hölle kommen!"*

6. Text: Die Kinder von Fatima (Portugal 1917)
Drei Kinder (Lucia, 1907 geb.; Francisco, 1908–1919; Jacinta,
1910–1920) sahen 1917 in mehreren Erscheinungen Jesus, den
heiligen Josef und Engel. Vor allem aber erschien ihnen Maria
jeweils am 13. der Monate Mai bis Oktober, und zusammen mit
vielen Zuschauern sahen sie wunderbare Lichtphänomene am
Himmel. Seit 1930 sind die Erscheinungen kirchlich anerkannt.

Es gibt eine katholische Fatima-Sühnerosenkranz-Bewegung, die weltweit verbreitet ist. Auch in diesem Falle haben weite Teile der katholischen Bevölkerung die Fatima-Botschaft angenommen. Dadurch wird ihre Wirkung beträchtlich verstärkt.

Das klassische Fatimagebet ist am Ende jedes Gesetzchens des Rosenkranzgebetes anzufügen. Millionenmal wurde es bereits gebetet. Es lautet:

„O mein Jesus! Verzeih uns unsere Sünden!
Bewahre uns vor dem Feuer der Hölle!
Führe alle Seelen in den Himmel,
besonders jene, die Deiner Barmherzigkeit am meisten bedürfen!"

Auf Aufforderung ihres Bischofs hat Lucia aus der Erinnerung folgendes berichtet:

„Wie es kam, daß Jacinta, die noch so klein war, von einem solchen Geist der Abtötung und der Buße beseelt war und ihn verstand? Ich glaube, es war erstens eine besondere Gnade, die Gott ihr durch das Unbefleckte Herz Mariens hatte verleihen wollen; zweitens der Gedanke an die Hölle und das Unglück der Seelen, die dort hinkommen. Manche Leute, auch fromme, wollen Kindern nichts von der Hölle sagen, um sie nicht zu erschrecken. Gott dagegen, zögerte nicht, sie drei Kindern zu zeigen, von denen eines erst sechs Jahre alt war, und ER wußte sehr wohl, daß es dabei vor Entsetzen beinahe sterben würde, wenn ich so sagen darf ...

Jacinta fragte: ‚Weshalb zeigt Unsere Liebe Frau die Hölle nicht den Sündern? Wenn diese sie sehen würden, würden sie nicht mehr sündigen, um nicht hineinzukommen.'

‚Ich habe es vergessen', antwortete ich.

Manchmal fragte sie noch: ‚Welche Sünden begehen diese Leute, daß sie in die Hölle kommen?'

‚Ich weiß nicht, vielleicht gehen sie sonntags nicht zur hl. Messe, stehlen, gebrauchen böse Worte, lästern oder fluchen.'

‚Und für so ein Wort kommen sie in die Hölle?'

‚Freilich, das ist Sünde.'"

Als Jacinta starb, fand man den Strick, den sie als Sühneopfer um den Leib gebunden hatte. Er hatte drei Knoten, und er war blutbefleckt.

Die vierfache Version der Erscheinungsberichte, die permanente Überhitzung religiöser Stimmungen, Nahrungsmangel durch Fastenopfer, körperliche Schwäche durch Bußübungen aller Art, wechselseitige Bestätigung in Sühnestimmungen für die Beleidigungen Gottes, aber auch des Heiligen Vaters, das alles braut sich zu einer süßlich-anziehenden Atmosphäre von immenser Intensität zusammen. Sie ist kirchenpolitisch benützbar.

Was sagt die Therapie dazu?

Der Höllenglaube ist ein großes Phänomen, das mit allen seinen Elementen als zusammengehöriges System verinnerlicht worden ist.

Dabei ist die Hölle selbst offenbar der absolute Negativpunkt des destruktiven katholischen Negativ-Katechismus. Sie liegt nach alter Ansicht in der Unterwelt – im Herzen der Materie – tief drinnen in der Erde. Der Ätna (oder auch andere Vulkane) sind Öffnungen des Höllenschlundes, gemäß dem antiken Weltbild.

Dieser Punkt ist bedeutsam, auch wenn die Ortsbezeichnung „Unterwelt" später im metaphorischen Sinne verstanden wurde und heutzutage im personalen Sinne verstanden wird. Die Therapie versucht zunächst des Gesamtphänomens mit seinen Verästelungen und Bedeutungen ansichtig zu werden. Deshalb ist auch vom Fegefeuer zu sprechen.

Das Fegefeuer als allerletzte Chance zur Reinigung

Das vorgeschaltete Fegefeuer nimmt bisweilen ebenso schmerzhafte und bedrohliche Formen an wie die Hölle selbst. Es ist eigentlich eine hoffnungsvollere Vorstellung der letzten Chance. Man könnte es auch wie eine Vorstufe zum Himmel empfinden. Aber die sogenannten „armen Seelen" – das sind Menschen, die darin die Sündenstrafen abbüßen – sind eben arm. Sie leiden entsetzlich und sind auf die Fürbitte der Menschen, der Heiligen und auf das Erbarmen Gottes angewiesen.

Der Sünder verdient das Fegefeuer (im leichteren Falle) und die Hölle (im schwerwiegenden Falle)

Die kirchenamtliche und auch volkstümliche Bewertung, was eine „leichte" und was eine „schwere" Sünde ist, spielt eine ungeheuer große Rolle. Als gute Beichtpriester gelten meistens solche, die eine mildere Bewertung anwenden. Strenge Beichtväter sind rigorosere Typen. Sie sind diejenigen, deren Beichtstuhl bei Schulbeichten oder bei Exerzitien und dergleichen im Flüsterton bezeichnet und von der Mehrheit der Beichtenden gemieden wurde. Die Moraltheologie hat in den vergangenen Jahrhunderten Kriterien der Sündenbewertung ausgearbeitet. Besonders wirksam wurden diejenigen des Sexualbereiches. Sie lauteten wie folgt:

Vier teuflische Ankettungen an die Hölle

1. Ankettung: „Sex ist immer schwerwiegend!"
(Grundkriterium der destruktiv-katholischen Sexualmoral)
Da der sexuelle Lebensbereich jedefrau und jedermann betrifft, ist dessen Bewertung einflußreich. Deshalb reicht die so schwerwiegende Bewertung tief in das persönliche Leben aller Gläubigen hinein. Sie bedroht die Gläubigen mit der ewigen Verdammnis für alles, was zum Beispiel im Beichtspiegel angeführt ist (siehe S. 77). Bleibt nur zu hoffen, daß kein „gacher und jäher Tod" (wie das alte Kirchenlied singt) den in die (sexuelle) Sünde gefallenen Menschen erwischt: Er würde sofort in die Hölle verdammt werden.

2. Ankettung: Die Selbstbefriedigung

13. Beispiel: Der Onanist

„Das Problem der Selbstbefriedigung beschäftigte mich immer mehr", erzählte ein 50jähriger Mann im Rückblick auf seine Jugend. „Ich las von heiligmäßigen Jugendlichen, die aus fahrenden Autos sittenloser Klassenkameraden sprangen, um nicht von ihnen in eine Bar verschleppt zu werden! ‚Lieber sterben als sündigen!' hieß die Parole. Und sündigen meinte alles Unkeusche! Wenn ich in der Nacht träumte und schlief, war ich ja entschuldigt: ‚Wer schläft, sündigt nicht!' hieß es. Aber leider wachte ich nur allzuoft auf. Dann begann der Kampf gegen die Versuchung. Aus Haselstöcken bog ich mir über meinen Bauch einen Korb zurecht, über den ich die Bettdecke legen konnte. Damit keine sinnliche Reizung der Genitalien zustande käme. Sowie eine solche spürbar wäre, durfte man ja nicht zustimmen! Wer der Lust zustimmt, ist der Sünde verfallen. Das war die Maxime. Aber es nutzte alles nichts. Ganz im Gegenteil: Es wurde nur noch schlimmer! Was habe ich gekämpft, und wie jämmerlich oft habe ich verloren! Das Rad Reue-Vorsatz-Beichte-Buße-Sündenfall-Reue-etc. drehte sich unbittlich weiter und schleifte mich mit.

18 volle Jahre habe ich um meine Reinheit gekämpft, 18 volle Jahre! Sonntag für Sonntag stand die Frage vor mir: Darf ich oder darf ich nicht zur Kommunion gehen?

Sonntag für Sonntag beneidete ich die jungen Mädchen in ihrer vermeintlichen ‚Reinheit'. Sie gingen viel zahlreicher zur Kommunion als wir Knaben. Oft dachte ich: Wie soll das werden, wenn ich dann einmal heiraten würde? Ehrlich, ein so schönes Wesen wie eine Frau zu besudeln, nur weil ich mich nicht beherrschen konnte, das ruinierte mein Selbstbewußtsein ganz und gar.

Aber wer sollte mich vor der Hölle retten? Vorwurfsvoll blickte Jesus als Leidender von jedem Kreuz auf mich herab: ‚Ich habe so furchtbar für dich gelitten und du masturbierst!'

Schließlich wurde mir alles zuviel, und ich ging zu einem Psychiater. Der Beichtpriester hatte immer nur gesagt: ‚Schließen wir alle anderen Sünden mit ein. Bete zur Muttergottes zehn Gegrüßet seist du Maria!' Der Psychiater gab mir Medikamente ‚zur Beruhigung' und meinte, das sei doch alles ‚ganz normal'. Ich war empört über diese Laxheit, ja Glaubenslosigkeit der Mediziner.

Gegenwärtig muß ich sehen, wie der Klerus und die Kirche dem Psychiater recht geben. Anscheinend ist nichts mehr eine Sünde, und vor 40 Jahren noch war alles und jedes eine!

Ich weiß nicht, wofür ich mich 18 Jahre so geplagt habe. Mich freut überhaupt nichts mehr! Eigentlich will ich nur noch meine

Ruhe haben. Aber das geht leider nicht. Kirchenaustritt? Ich weiß nicht, ob ich mich das traue."

Ein Kampf-ohne-Sieg-Bericht eines kirchenkranken Mannes. Er lebt auf die Hölle bezogen. Sie droht ihm tagtäglich, falls er plötzlich sterben sollte. Sie zieht alle Energien auf sich, sie zentriert alle seine Interessen und mobilisiert alle seine Abwehrkräfte. Sie ist der mächtige Maßstab seines Glaubens geworden.

3. Ankettung: Die Teufel besetzen Menschen

Nicht umsonst rasselt der volkstümlichste aller Teufel, der süddeutsch-österreichische „Krampus", wild mit seiner Kette. Wer sich erwischen läßt, wird in Ketten gelegt und mitgeschleift. Nicht umsonst ist auf der Karte XV des klassischen Tarot von Marseille eine Teufelsfigur abgebildet, die unter sich ein winziges Menschenpaar in Ketten gelegt hat. Wer die Karte zu lesen vermag, wird erschüttert sein: Sie gibt Aufschluß über ein dramatisches Geschehen. Menschen phantasieren sich einen bösen Teufel. Der gerät ihnen zu groß und zu übermächtig. Das Teufelsphänomen schlägt zurück und kettet seine eigenen Produzenten an.

14. Beispiel:
So erging es dem Mädchen Iris und Pater X

Er war ein Ordensmann, streng nach der Regel seines modernen Seelsorgeordens. Trocken, legalistisch, kirchentreu, pflichtbewußt – sozusagen grandios einseitig in seiner Ausprägung.
Wo war die andere Seite geblieben? Die spielerisch-lockere, lebenslustig-erotische? Wo war „das Kind im Manne" hingekommen? Und wo war der Mann X hingekommen?

Eines Tages kam Iris zur Beichte. Sie war einfach zauberhaft mit ihren dreizehn Jahren. Der jungfräuliche Glanz eines beginnenden Lebens umgab sie. Alles an ihr war voll von Hoffnung, von anfanghafter Scheu, von Staunen über die Welt, über sich selbst und voll von naiver, klarer Zuneigung. So wurde sie mit Pater X bekannt.

Er erlag auf der Stelle ihrer verheißungsvollen Aura und hatte gleichsam über Nacht mit der bislang weggeschobenen zweiten Hälfte seiner selbst zu kämpfen. Die Wucht der Erotik meldete sich bei ihm, dem 40jährigen Asketen. Nichts half da. Im Traum war Iris da, und wöchentlich kam Iris zur Seelenführung ins Sprechzimmer. Sie wußte bald, wann er Geburtstag hatte, vergaß auch den Jahrestag seiner Priesterweihe nicht und bekam seine Müdigkeit und so manche Enttäuschung schneller mit, als ihm lieb war.

Pater X geriet in Gefühle, die ihm unheimlich waren. Und er entsann sich der vielen klerikalen Geschichten von zauberhaften Frauen und Mädchen, deren Verführungskünsten niemand zu widerstehen vermochte. Als schließlich weder die „wunderbare Medaille" noch das altbewährte Skapulier des seligen John Stock (unter dem Hemd zu tragen) etwas half, verfiel er auf den Gedanken: Da steckt der Teufel dahinter!

Um es kurz zu machen: Es kam zu Teufelsaustreibungen. Sie halfen gar nichts. Auch dann nicht, als er einen anderen Pater beizog. Ganz im Gegenteil. Je mehr Pater X versuchte, des Teufels in Iris Herr zu werden und sie und sich selbst zu retten, desto mehr geriet er in den Bannkreis einer erotischen Anziehung von großer Stärke. Schließlich kam es zu Zärtlichkeiten, die immer jäh abgebrochen wurden, „bevor es zum vollen Verkehr kam". Es war ein ständiges Aufpeitschen ohne erlösende Erfüllung. Und es kam abschließend zu einer brutalen Vergewaltigung. Somit war vollkommen klar, wer hier der Teufel war und in wem er zu suchen war.

Iris war am Boden zerstört. Gebunden an Pater X, frustriert von Pater X, des Teufels bezichtigt von Pater X, im Bannkreis von Pater X ohne jede Chance, diesen zu durchbrechen.

Iris begann sich zu fügen. Schließlich stimmte sie zu: „Ich bin wirklich vom Teufel besessen. So muß es wohl schon immer gewesen sein!" Seit dieser Zeit kränkelt sie psychosomatisch dahin. Ihr Leben ist infolge der Besessenheit durch den Teufel zerstört. Auch Pater X hat sein Leben zerstört. Übriggeblieben ist ein triumphierender Teufel. An seinen Ketten hängen Pater X und Iris. Ein Leben lang haben sie beide an ihn, den Menschenverführer und Höllenagenten, gedacht. Mit ihrer gesamten psychischen Energie haben beide einen gemeinsamen Dämon zusammenphantasiert. Seine Ketten sind schwer und ein Entrinnen bislang unmöglich.

Pater X ist alt und erwartet sein Sterben. Die erwachsen gewordene Iris hängt nach wie vor an Pater X und glaubt noch immer an die in ihr wohnende Macht des Teufels. Sie läßt keinen Mann an sich heran. Einsam kränkelt sie sich durch die Jahre weiter.

4. Ankettung: Der teuflische Ungehorsam – „Ich will nicht dienen!"

Neben der Sexualität ist es vor allem der Eigenwille oder Ungehorsam der kirchlichen Obrigkeit gegenüber, der zur Hölle führen soll ... Der Teufel, auch Satans oder Beelzebub genannt, hat nach alter Überlieferung das „Non serviam" (Ich will nicht dienen!) gesagt. Dieser lateinische Ausdruck ist zu einer stehenden Predigtphrase der vergangenen 20 Jahrhunderte geworden. Er muß also sehr oft verwendet worden sein. Wer immer gottgesetzten Autoritäten gegenüber ungehorsam ist, der gleicht dem Teufel. Er (oder sie) stimmt dadurch in dessen Sünde ein.

Das Non serviam dient als Rechtfertigung kirchlicher, staatlicher oder familiärer Machtausübung. Dieser bittere Mißbrauch wird auch zur Bemäntelung oder Rationalisierung sexueller oder erotischer Interessen herangezogen.

Das gebrochene Rückgrat oder
„Nur gebrochene Rücken sind fromme Rücken"

Sehr oft werden Menschen, die voll Idealismus sich einem Leben als Ordensfrau oder Ordensmann verschrieben haben, zunächst einmal zwecks Disziplinierung gebrochen. Das Stichwort „Kadavergehorsam" oder auch „Credo quia absurdum" (therapeutische Übersetzung: „Ich glaube, weil es absurd ist, auf diese Weise gläubig zu sein!") markieren die Bruchstellen der Identität.

15. Beispiel:
Pater Markus gehorcht vorbildlich und geht daran zugrunde

Markus hieß „in der Welt" eigentlich Erich. Er ist der Sohn eines Märtyrers. Sein Vater wurde unter Stalin als Katholik kurzerhand an die Wand gestellt und erschossen. Katholiken waren von vornherein „unrussische" Menschen und für die KPdSU sowieso unerträglich. Markus flüchtete und gelangte auf abenteuerliche Weise nach Deutschland. Dort trat er einem Missionsorden bei. Seine Mutter blieb in der UDSSR zurück. Irgendwie gelang es auch ihr, nach dem Krieg in die DDR zu kommen. Markus schaffte das Knabenseminar, das Ordensnoviziat und das Theologiestudium. Schließlich sollte die Priesterweihe der krönende Abschluß aller Mühen werden.

Markus dachte an seine Mutter und an seinen erschossenen Vater. Schön, daß wenigstens die alte Mutter ihn zur Feier der Primiz in die Arme wird schließen können. Dachte er. Aber so passierte es nicht. Denn da war die Ordensdisziplin und ein strenger Oberer. „Gib das Liebste, das du hast, deinem Feind! Bringe ein Monatsopfer für die Mission!" So tönte es schon im Knabenseminar, und genauso hielt es der Obere auch nach der Priesterweihe mit Markus. Er verweigerte den Besuch bei der alten Mutter. „Sie sind ein Ordensmann. Sie bleiben da. Im heiligen Gehorsam ordne ich das an", sagte er.

In der Seele von Markus riß etwas. Das Geräusch war innerlich zu hören gewesen.

Später sagte Markus: „Ich war nicht mehr derselbe wie vorher." „Wollen Sie Gott dienen oder mit Ihrem Eigenwillen dem Satan? Um dann letztendlich zur Hölle zu fahren?"

Markus blieb und verzichtete im Gehorsam auf den Besuch bei der Mutter. Es gelang ihm. Die Frage bleibt offen: Wie denn? Was war der Preis dafür?

Jedenfalls war Markus von diesem Zeitpunkt an ein gebrochener Mensch. Fügsam, angepaßt, ohne jeden Elan und farblos wedelte er wie ein Schwanz mit dem Hund der Autoritäten mit. Alles, was von oben kam, war akzeptiert, und nichts kam von ihm selbst oder von unten hinauf. Er hatte diejenige Identität, die der Obere oder die Oberen ihm verpaßten. Sie hatten ihm „am Bandl", wie es so schön heißt.

Als er mit 56 Jahren depressiv wurde, begann er mit einer Dauermedikamentation. Mit 58 gesellten sich Herzbeschwerden dazu. Als er fünf Jahre später in eine nördliche Ordensprovinz versetzt wurde, starb er nach wenigen Wochen an Herzversagen. Man könnte auch sagen: An einem gebrochenen Herzen infolge eines gebrochenen Rückgrats.

Die Kettung an die Hölle hatte er vermeiden wollen. Diejenige an die Medikamente und an die Oberen hatte er dafür eingetauscht. Ketten bleiben eben Ketten. Sie vertragen sich niemals mit psychischer Gesundheit.

Markus war kirchenkrank geworden. Das war eigentlich voraussehbar gewesen. Der Ordensobere hatte sein biograpisch labiles Gleichgewicht zum Kippen gebracht.

„Er war der gute und getreue Knecht!" stand auf seiner Todesanzeige zu lesen. Ein Hohn! Wahr ist etwas, was seiner Umgebung völlig klar war: Er war ein Opfer des Höllenwahnes, der den Bruch der Identität und den einer herzlichen Zuneigung forderte. Er war auch das Opfer eines herrschsüchtigen Oberen, der sich mit seiner Herrschsucht hinter diesem Wahn zu verstecken wußte.

Was sagt die Therapie dazu?

Von der Höllenangst zur Höllenphantasie, zur Hölle auf Erden!

Therapeutisch hat die Höllenphantasie den Charakter eines Massenwahnes, der seit 2.500 Jahren über den Erdball zieht und ganz verheerende Wirkungen gezeitigt hat. Es gibt neben der katholischen Hölle die christliche Hölle überhaupt, aber es gibt auch hinduistische, schamanistische und buddhistische Höllenphantasien.

Es ist furchtbar zu beobachten, daß rund um die Hölle Sadismus, Masochismus und Grausamkeit aller Art angeregt und auch verwirklicht wurde. Die Berichte von Auschwitz, von Pol Pots Kambodscha oder von Sebrenica in Bosnien sind nicht so verschieden von den Höllenberichten, die jahrhundertelang

Visionäre und Visionärinnen gegeben haben. Was so lange intensiv ausphantasiert wurde, das hat sich zu guter Letzt auch verwirklicht. „Denken ist Probehandeln", sagt die Therapie dazu. In den Schauerstätten der Weltgeschichte wurde der Schritt zur Verwirklichung des bloß Gedachten getan. Neunzig Prozent aller Dämonen, so sagt die alte Hermetische Wissenschaft, sind selbstfabrizierte menschliche Projektionen.

Jedem seine Hölle, jedem sein Dämon!

Origenes († 253/54), der größte ostkirchliche Theologe der Väterzeit, war derselben Meinung: „Jeder Sünder zündet selber die Flammen seines eigenen (Höllen-)Feuers an. Er wird nicht in irgendein Feuer eingetaucht, das vor ihm existierte oder das ein anderer angezündet hätte." Als größter Bibelwissenschafter seiner Epoche macht er sich viele Gedanken über das Wort „ewig" im Zusammenhang mit „Hölle". Schließlich kam er zu dem Ergebnis: „Was es in diesem Zusammenhang bedeutet, weiß ich nicht." Seine Schule konnte sich nicht durchsetzen. Aber zusammen mit der philosophischen Kritik bildete sie einen schmalen andauernden Strom klaren Denkens, das sich bis in die Gegenwart erhielt.

Therapie und Glaube teilen dieselbe Hoffnung

Bis in die Gegenwart dauerte auch seine Hoffnung mitten in den Höllengebieten menschlicher Existenz an: Schließlich und endlich werde der Prozeß der Weltgeschichte auch zur Integration des Bösen in die Güte Gottes führen. Damit Gott „alles in Allem sei". Seit jeher haben alle großen therapeutischen Schulen bei aller Nüchternheit nicht aufgehört, eine ganz gleiche Hoffnung auf „Resozialisation" im Strafvollzug, auf „Abschaffung der psychiatrischen Anstalten", in summa also auf eine Lösung bisher unlösbarer Probleme wachzuhalten.

Die Kraft dieser Hoffnung zeigt sich in den großen Bewegungen: Friedensbewegung, Rotes Kreuz, Amnesty International,

Tierschutzgruppen und Umweltschutzgruppen, um nur einige Beispiele zu nennen.

Sie alle bezweifeln die statische „Ewigkeit" der Höllenzustände.

Sie alle geben allem eine Chance auf Besserung und endgültige Bestätigung.

Welche therapeutischen Möglichkeiten gäbe es?

Angesichts der zentralen Bedeutung der Hölle für destruktive Phantasien müssen wir uns zuerst den Ängsten und destruktiven Enderwartungen eines Menschen zuwenden. „Beschreibe deine eigene Höllenphantasie. Woher hast du sie? Wer hat sie dir nahe gebracht? Stimmst du ihr zu? Glaubst du, das bedeutet: vertraust du dich ihr an?"

So ungefähr könnten die Fragen lauten, anhand derer die therapeutischen Heilungsmöglichkeiten zum Tragen kommen könnten.

Woher kommt die Höllenkunde insgesamt? Woher konkret?

Allein diese Frage – einmal auf einer tieferen, persönlichen Ebene gestellt – wird erhebliche Zeit zur Beantwortung in Anspruch nehmen. Sie ist aber enorm wichtig. Denn die Höllenphantasie läßt sich nur aus einer Art von „Offenbarung" oder Kunde über Gericht und Hölle übernehmen. Sie kann dem Inhalt nach niemals das Ergebnis einer schlußfolgernden Logik sein. So sagt auch Platon bereits, sie sei „kein Mythos, sondern ein Logos". Er sagt weiter, man müsse dabei im „Hören" auf eine Tradition vertrauen – nicht dem Denken oder Phantasieren.

Diese Eröffnung eines Problemzuganges stellt die Frage nach der Art dieses Hörens und dem Zutrauen, das jeder von uns Gott gegenüber hat. Davon wird sich alles so problematische Produzieren von Eigengerichten und Eigenhöllen unterscheiden lassen. Es ist nämlich ein ganz anderer Vorgang, und das wird damit überaus deutlich.

Die Denunziation Gottes als dunkel, böse und rachsüchtig

Ist Gott, wie immer es IHN gibt, um soviel intoleranter als ein gut
ausgebildeter Therapeut oder eine Therapeutin?

Ist die mitmenschliche Güte um soviel eher bei einer Therapie zu finden denn bei einem göttlichen Gericht?

Ist es legitim, Gott als ein Wesen darzustellen, das alle Paral-
lelen zu einem patriarchalischen Vater des Jahrtausends vor der
Zeitenwende aufweist?

Kann es wirklich so sein, daß Gott um soviel inhumaner und
mieser ist, als es durchschnittliche Seelsorger und Seelsorgerin-
nen zu sein vermögen?

Weil das alles nach römisch-katholischem Glauben nicht so
sein kann, ja diesem diametral widerspricht, erweist sich einmal
mehr der Negativ-Katechismus als riesige Projektionsleinwand,
auf die unsere eigenen Schatten fallen.

Die Rücknahme der eigenen Höllenprojektionen

Deshalb ist eine Korrektur unbedingt notwendig, deshalb wird
auch die therapeutische Arbeit bei einer Reinigung von eigenen
Projektionen landen. Alles, was unter dem Titel „Hölle" und „Teufel" hinausprojiziert wurde, muß wieder wahrheitsgemäß zurück-
gewonnen werden: Es ist „meine Hölle" und „mein Teufel", der
aus den Fresken und Tafelbildern alter Basiliken und neuer Kult-
stätten spricht. Erst wenn er wieder in die eigene Ganzheit integriert werden konnte, wird er entdämonisiert und frei.

Und was die Strafbedürfnisse und die „Freude an der gerechten Bestrafung" betrifft: Benötigt man es, sozial derart grauenvoll
verstärkt zu werden?

Schwierig, aber unerläßlich ist die Frage nach versteckter Erotik und Aggressivität. Beide zeigen sich in den Gefühlen, die die
Höllenphantasien begleiten.

Die Rücknahme der Höllenphantasie gibt die Projektionsenergie zurück

Wenn wir an Annas Vater (S. 23 ff) denken: Mit offenem Zugang zu seinen erotischen Bedürfnissen hätte er nicht so schrecklich prügeln müssen, um dann unter Höllenphantasien zu leiden. Wenn wir an Otto (S. 95 ff) denken: Die lebenslang zurückgestaute Aggressivität drückte ihn am Ende durch Höllenangst nieder.

Pater X und Iris (S. 202 ff), Pater Markus (S. 204 ff) und die Kinder von Fatima (S. 197 ff), die hl. Birgit (S. 196 ff) – sie alle hätten eine therapeutische Möglichkeit benötigt, die die „Hölle" in die Bestandteile ihrer versteckten Phantasien aufgelöst hätte. Die große Masse der „Höllenheiligen" und „Höllentheologen" wäre zu einer großen Masse an kraftvollen und liebevollen Menschen geworden, wenn sie eine therapeutische Möglichkeit gehabt und zugelassen hätten.

Eine entsetzliche Frage erhebt sich: Die Hölle als Seuche?

Der verheerende Schaden des projektiven Höllenglaubens zieht sich wie eine Seuche durch die Geschichte. Wo wir auf seine Spur stoßen, entsteht die Frage nach dem Wesen des Menschen überhaupt: Wer sind wir denn, daß wir einerseits die Welt zerstören und andererseits Höllenphantasien entwickeln? Das paßt ja wunderbar zusammen, oder? Kann denn unser Weltbild stimmen, wenn wir zu Konstrukten Zuflucht nehmen müssen, um uns selbst beschreiben zu können? Wie groß muß unsere eigene Mächtigkeit sein, wenn das, was wir jahrhundertelang zusammendenken und zusammenphantasieren, zu guter Letzt zur schauerlichen Realisierung gerät?

Wie der höllischen Absolutheit in der Therapie standhalten?

Vielleicht überfordern diese Perspektiven die der therapeutischen Arbeit. Aber angesichts einer gedachten Absolutheit der ewigen Hölle, des göttlichen Gerichtes und der göttlichen Autorität bleibt uns die Frage nach dem Gegengewicht dazu.

Mit dem Absoluten läßt sich nicht verhandeln. Alles kann sein.

Die radikale Ablehnung spiritueller Realität ist eine wirksame Form, dieser Absolutheit zu entkommen. Erfahrungsgemäß aber wirkt dieser Versuch nicht sehr lange. Eine andere Möglichkeit wäre die kritische Hinterfragung dieser Absolutheit: Wo soll eigentlich das göttliche Gericht stattfinden? Wo soll denn die Hölle anders sein als in unserem Bewußtsein, solange wir ein solches haben? Damit hätten wir einen Zugriff auf die bedrohliche Quelle so vieler Verstärkungen psychischer Problematik. Wir könnten uns entschieden vom drohenden Absoluten weg zur soviel freundlicheren Erde wenden und mit den konkreten, sei es auch „kleinen" Lebensumständen versuchen, in Balance zu kommen. Lieber ohne absoluten Horizont psychisch gesund leben als mit einem solchen einen Zusammenbruch riskieren. Das bleibt die therapeutische Maxime. (Lucia von Fatima war da anderer Meinung!)

Was bleibt: Die Frage nach der Verantwortung und deren Folgen

Das tiefe Gefühl für die Notwendigkeit, sich zu verantworten, bleibt in jedem Falle. Wann immer menschliche Interaktionen (Gespräche, therapeutische Prozesse, Gruppenvorgänge) studiert werden, wird sichtbar, wie wichtig die Frage nach der jeweiligen Verantwortung ist. Ebenso, wenn man die eigenen Wünsche nach gerechter Behandlung durch andere zuläßt.

Die Waage der Gerechtigkeit und der Sündenbock

Es gibt noch zwei Hinweise, die das Gewicht dieses Bedürfnisses deutlich machen: Der eine ist die Konstruktion des Sündenbockes in Familien und in der Öffentlichkeit. Er ist ein Versuch, die Verantwortung und die Schuld nur ihm aufzuladen und durch seine Tötung loszuwerden.

Der andere Hinweis ist die „Waage der Gerechtigkeit", ein wunderbares altes Symbol. (Allerdings muß man dabei von der historischen Balkenwaage ausgehen, deren Schalen in ausgeglichener Balance sind. An einem Punkte festgemacht, pendelt sie sich durch Erbringung des geschuldeten Gewichtes immer wieder ein.) Auch sie zeigt den Grundfaktor „Wer ist verantwortlich?" und „Wer ist wem etwas schuldig?", nach dem die Menschen suchen.

Daß Therapien um so eher gelingen, je mehr die Patienten und Patientinnen bereit sind, ihre Verantwortung dabei zu übernehmen, illustriert den Eindruck nur noch einmal.

IV. Anstelle einer Antwort: Schluß-Szenen

Ein Leben, das ohne jede Verantwortungsbereitschaft gelebt wird, wirkt zynisch oder untermenschlich. Es ist so, als ob bei einem Stück die Schlußszene fehlte, als ob ein Lebenslauf immer nur so weiter dahinplätschern könnte. Als ob da niemand wäre, der nach Antwort fragen würde; als ob nie jemand gefragt hätte: „Adam – lieber Mensch! Wo bist du?" (Gen 3, 9); als ob nie jemand immer wieder gefragt hätte: „Anna, Maria und Josef, Brunhilde und Hochwürden Monsignore, Johannes-Benedikt, Otto, Helmut, Georg und Margit, Olga, Luise mit Karl und Reverendus Dominus M. A., und lieber namenloser Onanist, Pater X und Iris, Paula und P. Markus: Wo seid ihr alle? Wie geht es euch? Was tut ihr und was tatet ihr? Kommt, blicken wir einander in die Augen ..."

Als ob nie jemand die uralte Frage gestellt hätte, die sogar der Kasperl den Kindern zuruft: „Seid ihr alle da?" Welche dieselbe ist wie: „Kain, wo ist dein Bruder Abel?" (Gen. 4,9) Oder: „Ihr alle: Wo sind denn eure Schwestern, Brüder, Mütter Väter, Freundinnen, Freunde, alle Menschen rund um euch?"

Als ob sich niemals jemand von irgendeiner Frau Maria (aus Betanien in Palästina) mit köstlichem Öl hätte salben lassen, „weil sie viel geliebt hat", und derselbe wenig später einen simplen Fischersmann gefragt hätte: „Simon, liebst du mich?" (Jo 12, 1 ff und 21, 17).

Dieser spürte die Frage. Sie war allerdings auch dreimal laut und öffentlich gestellt worden. Darum wollte er sie auch nicht offenlassen. So antwortete er ebenfalls dreimal: „Du weißt, daß ich dich liebe!" Das war sein Gestaltschluß!

So, als ob niemand je dieses himmlische Wort gesagt hätte, als ob niemals dergleichen gewesen wäre und auch heute nichts Derartiges sich ereignen würde, gibt es die Möglichkeit, die destruktive Gerichts-Höllenphantasie als Gestaltschluß und Ende hinzusetzen. Ein bitterböser Schlußpunkt.

Ein verräterisch-aggressiver Akt der Selbstbestrafung: „Ich mache absolut Schluß! Es hat sowieso alles keinen Sinn mehr. Und ich reiße alles mit mir, was mir vor die Kanone kommt ...!"

So riß Adolf Hitler weite Teile Europas mit sich in den Abgrund, ehe es im Bunker der zerstörten Reichskanzlei zweimal „Peng!" machte.

Er hatte zuerst Eva Braun und darauf endlich sich selbst erschossen.

Was sagt die Therapie zum Höllen-Schluß?

Ja, was soll die Therapie dazu noch sagen? Kann sie mehr machen, als den Mund zu halten? Ist das nicht eine Situation, wo nichts anderes geboten ist, um diesem absoluten Scheitern einen Rest von Würde zu geben? Und darauf zu hoffen, daß jeder in den Abgrund Stürzende irgendeinmal unten aufschlägt, Grund und Frieden findet?

Hat die Therapie nicht oft und oft so gehofft und getan?

Hat sie nicht in unermüdlicher Aufmerksamkeit den Menschen zugehört? Sie zu verstehen gesucht? Sie angeblickt?

Hat sie nicht gesehen, wie jeder seine eigene Welt konstruiert und dabei riskiert, aus der Grundlage zu geraten? Oder aus der persönlichen Wahrheit? Und dann, aus der Balance gekommen, in die Krankheit gerät?

Hat sie nicht seit hundert Jahren versucht, ihrerseits Konstrukte zu finden, um den Menschen wiederum auf die Beine zu helfen? Manche sind zugegebenerweise ja wirklich komisch, manche lediglich allzu technisch geraten. Andere sind großartige Beschreibungen der Realität. Aber wie immer: Wenn es nur hilft …

Sind nicht Scharen von Therapeutinnen und Therapeuten bei ihrer Arbeit selbst ins Schleudern geraten? Verrückt geworden? Selbstmordgefährdet? Seltsamerweise von denselben Leidenszuständen infiziert worden, die sie zu lindern versuchten, Berufskranke eines Gesundheitsberufes?

Was soll die Therapie angesichts dieser Lebensdramen noch alles tun?

Genügen denn nicht die Möglichkeiten, die sie anbietet? Haben nicht die Menschen unserer fünfzehn Beispiele viele, viele Chancen gehabt, diese Möglichkeiten zu nützen?

Was soll die Therapie noch mehr tun, als sich wissenschaftlich zu vergewissern, ob auch stimmen kann, wie sie arbeitet? Mit jener sperrigen, mühseligen Wissenschaftlichkeit, die über alle politischen und ethnischen Interessenlagen hinweg versucht, gültig zu bleiben?

Die Therapie endet, wo es um die Antwort einer persönlichen Verantwortung geht.

Dieser Punkt ist gleich der Paßhöhe eines Überstieges in den religiösen Bereich.

Therapeutin und Therapeut, Klientin und Klient stehen gemeinsam vor einer Entscheidung. Weil die Frage ganz persönlich gestellt wird, muß es auch die Antwort sein. Sie kann in diesem Falle nicht mehr wissenschaftlich verifiziert werden. Sie hat ein Risiko in sich. Das teilt sie mit allen wirklich persönlichen Antworten.

Jeder muß persönlich entscheiden, wem er Glauben und Vertrauen schenkt. Denn glauben muß jeder, der an dieser Stelle angelangt ist. Darum kommt niemand herum. Nur die Richtung ist zu wählen. Freiheit ist die garantierte Basis dieser Wahl.

Was sagt der Glaube zum Schluß?

Gott glaubt an die Menschen und bereitet für sie ein Fest vor

Der Glaube sagt, daß auch Gott glaubt. Er glaubt an die Menschen.

Nach der jesuanischen Offenbarung gleicht Gott einer panischen Hausfrau, die die ganze Wohnung auf den Kopf stellt, um ein verlorengegangenes Geldstück zu suchen (Lk 15, 8 ff). Es war zwar nur eines, und sie hatte noch neun andere, aber es sollte KEINES verlorengehen …!

Er gleicht vor allem einem Vater, der geduldig an seine Söhne glaubt. Als einer keß sein Erbteil einfordert, um es postwendend in Las Vegas oder dergleichen wieder loszuwerden, wartet der Vater. Als nun sein Sohn endlich nach einem sturen Irrlauf wieder zurückkommt, steht er mit weit geöffneten Armen da. Die Festmusik legt los, und das Buffet wird eröffnet … (Lk 15, 11 ff).

Nichts ist es da mit selbstzündenden Höllenfeuern, in denen das Scheitern ewig brennt …

Alles mündet in ein unglaubliches Fest, das sich zu einem kosmischen Gesamtkunstwerk steigert, zu einem Hymnus, der wegen seiner Unbeschreiblichkeit nur lapidar zu schildern ist: „Es herrscht bei den Engeln Gottes Freude über jeden einzelnen Irrläufer, der umkehrt …" (Lk 15, 10).

Das ist es, was der Glaube zu sagen hat.